그 숲에
시인이 산다

그 숲에
시인이 산다

이승규 지음

시인은 왜 산으로 갔나
줄일수록 투명한 하나의 돌이 될 때까지
향기가 향기롭다
슬프고 헛되고 아름다운지

한국문화사

숲으로 가는 길

    1·2부의 글은 문학 현장과 시집에 대한 에세이로, 몇 년 동안 대학 신문에 실었던 것이다. 마주칠 때마다 학생 기자들이 미안해했지만 사실은 내가 고맙다. 누구를 만나고 무슨 일을 겪느냐에 따라 다른 글을 얻게 된다. 이제 보면 온전히 나 혼자서 쓴 것 같지 않다. 3부의 것은 주로 내 시에 관한 경위서 같은 글이다. 우연히 쓴 것만은 아니지만 다른 손이 한 것처럼 느낀다. 4부는 독서 모임 눈빛승마클럽과 책을 읽으며 썼다. 함께 모여 대화하던 그때그때의 햇빛과 공기가 글 안에 술렁인다.
    고맙다, 그날의 나뭇잎과 눈발, 그날의 따스한 눈빛들. 아직 내게 오지 않은 시와 빗방울, 빗방울까지.

2024. 10. 16.
백운대가 보이는 진관동에서

차례

시인은 왜 산으로 갔나

자다가도 일어나 가고 싶은 / 12
백석과 통영

두만강 너 우리의 강아 / 17
이용악과 두만강

깨다 졸다 기도조차 잊었더니라 / 22
정지용과 한라산

숲속의 예술가들 / 27

욕망이여 입을 열어라 그 속에서 사랑을 발견하겠다 / 32
박수근, 백남준, 김수영이 살던 동대문 근처

벌레의 시간에 귀 기울인다면 / 38
박완서의 현저동

심장 밑에 감추어 둔 몇 줄 / 42
니시와세다 언덕에서

우리들의 해방일지 / 49
이범선과 해방촌

시가 뭐냐고 누군가 물을 때 / 55
김종삼과 정릉동, 길음동

누구나 조금씩은 안개의 주식을 갖고 있다 / 65
기형도와 소하동

깎을수록 투명한 하나의 돛이 될 때까지

돌아오는 봄, 돌아오지 않는 사람 / 72
김소월 시집 『진달래꽃』의 〈산유화〉

껍데기는 가라 / 77
신동엽 시집 『누가 하늘을 보았다 하는가』

어서 너는 오너라 / 81
박두진 시의 의분과 신명

자랑처럼 풀이 무성할 게외다 / 86
윤동주 시집 『하늘과 바람과 별과 시』

아픈 몸이 아프지 않을 때까지 / 91
김수영의 '온몸'

나는 바퀴를 보면 굴리고 싶어진다 / 96
변화와 정진으로서의 황동규

무인도를 위하여 / 101
신대철 시인의 '산'

냉기가 향기롭다

지금의 맨 처음 / 108

금강산에서 만나는 사람 / 110

누구에게나 배후가 있다면 / 115

빛나는 소리 / 117

태백에서 왔다 / 121

북한산 이야기 / 124

몸부림치며 느닷없이 다가오는 산 / 127
백두대간 정맥 시집 『나는 흔들린다, 속삭이려고, 흔들린다, 귀 기울이려고』

바닷가에서 온 시 / 151

슬프고 헛되고 아름다운지

꿈보다 해몽보다 / 162
『춘향전』의 점치는 봉사

징그럽게 꿈결같이 / 168
이상 「봉별기」

달빛 아래서라면 / 171
이태준 「달밤」의 성북동

장수는 오지 않는다 / 175
최인훈 「옛날 옛적에 훠어이 훠이」

순금의 시, 변화의 목전 / 178
손필영 시의 행보

살아남은 자가 살아 있다면 / 183
한강 『소년이 온다』

열정과 선의의 청춘 / 187
장류진 『일의 기쁨과 슬픔』

불멸과 절멸 / 190
오르한 파묵 『내 이름은 빨강』

악당의 품격 / 196
표도르 도스토예프스키 『죄와 벌』의 스비드리가일로프

연극이 끝나면 / 201
후안 마요르가 『맨 끝줄 소년』

잘 되고 있다는 실감 / 204
찰스 부코스키 『여자들』

인간으로 남는 길 / 208
마크 트웨인 『허클베리 핀의 모험』

버스가 서지 않을 때 / 212
가오싱젠 『버스 정류장』

장차 왕이 될 거라니! / 215
윌리엄 셰익스피어 『맥베스』

무의미와 혼돈의 재판정에서 / 218
루이스 캐럴 『이상한 나라의 앨리스』

사랑과 선 / 223
레프 톨스토이 『안나 카레니나』

난 혁명가가 될 거야 / 228
다자이 오사무 『사양』

먼지처럼 일어서리라 / 233
미국의 시, 여성의 시

저녁이 하루 중 가장 좋은 때 / 241
가즈오 이시구로 『남아 있는 나날』

죽음의 독백을 위하여 / 245
어니스트 헤밍웨이 『킬리만자로의 눈』

펜을 떨어뜨리다 / 250
제인 오스틴 『설득』

진리를 위해 죽을 수 있는 자를 경계하라 / 253
움베르트 에코 『장미의 이름』

황주와 돼지간볶음 / 256
위화 『허삼관 매혈기』

희극일까 비극일까 벚나무 / 259
안똔 체호프 『벚나무 동산』의 노동하는 새 주인

자다가도
일어나 가고 싶은

백석과 통영

통영에 가보셨나요?

가본 사람도, 안 가본 사람도 그리워지는 통영. 통영은 사람과 가까운 바다입니다. 바다로 쏟아질 듯한 벼랑에 수평선으로 창을 낸 집들이 빼곡하고, 새벽부터 강구안에 배들이 흥성거립니다. 어시장에 소란스레 퍼덕이는 생물들 틈에서 자기도 모르게 흥이 차오릅니다.

삼도수군통제영의 준말인 통영에 충렬사와 세병관이 버티고 있고 이순신이 수군을 지휘하던 한산도도 지척이지만, 현대에 들어 통영은 예향이라 이를 수 있는 몇 안 되는 고을입니다. 유치환, 윤이상, 김춘수, 박경리가 태어나고 이중섭, 백석이 거쳐 간 곳이기 때문이에요.

백석은 평안도 사람인데 친구를 따라 통영에 처음 갑니다. 당시로선 머나먼 길이라서 경부선 열차를 타고 가다 삼랑진에서 갈아타고 마산에 내려 뱃길로 통영에 들어섰어요. 백석은 〈통영〉이란 시를 두 편 썼습니다.

녯날엔 통제사(統制使)가 있었다는 낡은 항구의 처녀들에겐 녯날이 가지않은 천희(千嬉)라는 이름이 많다
    미역오리같이 말라서 굴껍지처럼 말없이 사랑하다 죽는다는
    이 천희의 하나를 나는 어늬 오랜 객주(客主)집의 생선가시가 있는 마루방에서 만났다
    저문 유월의 바닷가에선 조개도 울을 저녁 소라방등이 불그레한 마당에 김냄새나는 비가 나렸다
                                                - <통영>

 1935년 12월 『조광』에 발표된 이 시는 획기적인 작품이었습니다. 저는 이 시를 사랑시로 보는데요, 화자의 감정을 직접적으로 표현한 부분이 한 군데도 없어요. 한 여성을 처음 만난 시공간의 감각만 남아 있어요. 비 오는 여름의 바닷가이고, 조개 우는 소리가 들릴 만큼 이상하게 고요한 저녁이었겠죠. 시간이 정지한 것 같은, 가슴만 두근대는 순간. 비릿한 비 냄새와 마루방에 떨어진 생선 가시조차 영원히 잊지 않을 것 같은 그 시간을, 사랑 아닌 다른 어떤 말로 떠올릴 수 있을까요?
 안도현이 쓴 『백석평전』에 이 시에 얽힌 사랑 이야기가 서술되었는데 그 사실에 의구심이 드는 이유는, 이 시가 아무리 감정을 절제하고 이미지만 선명하게 표현한 시라 해도 그 사

람에 대한 묘사가 전무하고 감정을 투사한 사물조차 없기 때문입니다. 추측하건대 만나긴 했으나 그 사람과 깊이 이야기를 나누어 본 적 없고, 전해 들은 것밖에 그에 대해 아는 것도 없었겠지요. 심지어 마루방에서 마주친 대상이 실제 인물과 연관이 없을 수도 있어요. 소설과 마찬가지로 시 역시 시인과 화자가 다를 수 있는 허구의 장르니까요. 무엇보다 "미역오리같이 말라서 굴껍지처럼 말없이 사랑하다 죽는다는" 통영의 처녀는 세상의 모든 남자가 바라 마지않는 여성상일 텐데요. 한 번 생각하면 낭만적이고 감동적이지만 두 번 생각해 볼 때 문제는 그 지고지순한 사랑을 1930년대 남자인 화자도 똑같이 바칠 수 있느냐일 겁니다. 통영 출신 유치환의 시 구절 "사랑하는 것은 / 사랑을 받느니보다 행복하나니라"(〈행복〉 부분)를 떠올리지 않더라도 역시 좋은 사랑시가 감동을 주는 것은 상대를 드높이고 자신을 끝도 없이 낮추기 때문입니다.

  이 시가 한 남자의 로망을 드러낸 것이고 약간의 체험과 풍부한 상상으로 쓰인 것일지라도, 누군가를 운명처럼 만난 사랑의 순간을 독특한 감각적 아름다움으로 표현한 작품이라는 사실에는 변함이 없어요. 헤르만 헤세가 산문「방랑」에서 그린 예술가의 초상이 '사랑 그 자체를 사랑하는 사람'인 것처럼, 백석도 사랑이 너무 많은 시인이었습니다. 뭇 대상들을 새로운 눈으로 바라보려 하고 거기에 한없이 애정을 보냈으니까요.

전복에 해삼에 도미 가재미의 생선이 좋고
　　파래에 아개미에 호루기의 젓갈이 좋고

　　새벽녘의 거리엔 쾅쾅 북이 울고
　　밤새껏 바다에선 뿡뿡 배가 울고

　　자다가도 일어나 바다로 가고 싶은 것이다

　　(…)

　　샘터엔 오구작작 물을 깃는 처녀며 새악시들 가운데 내가 좋아하는 그이가 있을 것만 같고
　　내가 좋아하는 그이는 푸른 가지 붉게붉게 동백꽃 피는 철엔 타관 시집을 갈 것만 같은데
　　긴 토시 끼고 큰머리 없고 오불고불 넘엣거리로 가는 여인은 평안도서 오신 듯한데 동백꽃 피는 철이 그 언제요
　　옛 장수 모신 낡은 사당의 돌층계에 주저앉아서 나는 이 저녁 울 듯 울 듯 한산도 바다에 뱃사공이 되어가며
　　지붕 낮은 집 담 낮은 집 마당만 높은 집에서 열나흘 달을 업고 손방아만 찧는 내 사람을 생각한다

　　　　　　　　　　　　　　　　　　　－〈통영〉 부분

이듬해 발표된 그의 다른 시 〈통영〉입니다. 이 시는 여행시

에 가까운데 여기에도 사랑의 그림자가 배어 있어요. 앞에는 활기찬 항구마을의 광경에 대해 애정이 넘치고, 뒤에는 못 이룬 사랑의 그리움이 저녁 바다처럼 아련히 저물고 있네요.

 아직 통영에 못 가보셨다고요? 사랑하는 사람이 살던 곳이 다 통영입니다.

두만강 너
우리의 강아

이용악과 두만강

>   북쪽은 고향
>   그 북쪽은 여인이 팔려간 나라
>   머언 산맥에 바람이 얼어붙을 때
>   다시 풀릴 때
>   시름 많은 북쪽 하늘에
>   마음은 눈 감을 줄 모르다

 이용악의 시 〈북쪽〉입니다. 그가 남쪽에서 고향인 함경북도 경성을 떠올릴 때 그곳은 사무치게 그리운 곳이지만, 바람이 얼어붙을 만큼 추운 곳이고 "여인이 팔려간 나라"입니다. "그 북쪽"은, 고향의 북쪽으로 보면 북간도가 속한 이역이지만, 고향을 반복하여 강조하는 말로 보면 일제 강점기 핍박에 떠나야만 했던 터전이고 역사적으로 수없이 수탈당하고 침략당했던 변방 지역의 특수성을 한 민족 안의 이국처럼 "나라"라고 표현할 수밖에 없는 시인의 고향이겠지요. 그래서 그의 다른 시 〈오랑캐꽃〉, 북방 지역민으로 표상된 오랑캐꽃에 시인의 연민이 배었는지 모릅니다. 짧은 시 〈북쪽〉에는 고향을 떠올릴 때의 푸근한 감정이 민족 수난의 분노, 변방 지역민의 설움과 뒤엉켜 뜨겁고도 서늘한 울림으로 퍼집니다.

이용악은 함경도 방언을 사용하여 〈낡은 집〉, 〈전라도 가시내〉 등으로 1930년대 우리나라 현실을 가장 핍진하게 드러냈어요. 북방을 넘나들며 유이민 현상을 취재하고 그것을 독특한 이야기시로 형상화했습니다. 그가 시를 통해 바라본 것은 억압받는 민중만이 아니었습니다. 얼음장 밑으로 동해를 향해 쉬지 않고 흘러가는 두만강을 통해 미래를 전망하였습니다.

이용악이 건넜을 법한 국경의 다리들을 스치며 저도 두만강을 따라 달렸습니다. 백두산에서 흘러내린 세 줄기 가운데 하나인 두만강에선 북한이 퍽 가깝게 내다보였어요. 강 너머로 주민들이 밭을 갈고 군인들이 산책하듯 거니는 모습을 망연히 지켜보았습니다. 강 이편 또한 버드나무 아래 중국말보다 우리말이 흥성거리고 우리와 다름없는 얼굴들이 오고 갔습니다. 이미 나라는 되찾았지만 이용악이 넘나들던 두만강을 넘어설 수는 없었습니다. 차라리 그가 열차 속에서 본 강이 흘러가다 언젠가 당도할 곳, "가야 할 곳"을 멀리 바라보아야 할까요?

>나는 죄인처럼 수그리고
>나는 코끼리처럼 말이 없다.
>두만강 너 우리의 강아

너의 언덕을 달리는 찻간에
조고마한 자유도 자랑도 없이 앉았다.

아모것도 바라볼 수 없다만
너의 가슴은 얼었으리라 그러나
나는 안다
다른 한 줄 너의 흐름이 쉬지 않고
바다로 가야할 곳으로 흘러 내리고 있음을

지금 차는 차대로 달리고,
바람이 이리처럼 날뛰는 강 건너 벌판엔
나의 젊은 넋이
무엇인가 기대리는 듯 얼어붙은 듯 섰으니
욕된 운명은 밤 우에 밤을 마련할 뿐

잠들지 마라 우리의 강아
오늘 밤도
너의 가슴을 밟는 뭇 슬픔이 목마르고
얼음길은 거츨다 길은 멀다.

길이 마음의 눈을 덮어줄
검은 날개는 없느냐
두만강 너 우리의 강아
북간도로 간다는 강원도치와 마조앉은
나는 울 줄을 몰라 외롭다.

두만강 너머의 북한.
북한군 두 명이 거닐고 있습니다.

〈두만강 너 우리의 강아〉를 발표하고 난 후 이용악은 친일 시를 썼으며 6·25전쟁 때 월북하여 북에서 왕성히 활동하다 갑자기 지워졌습니다. 그가 20대 전반기에 쓴 위 시들이 그의 대표작으로 남아 그를 문학사에 빛나는 시인으로 아로새겨 놓았습니다. 일제 말기 실망스러운 그의 행적을 외면할 수 없지만 그가 엄혹한 시절에 시 속에 담은 목소리, 앞날을 향한 굳은 신념, 맑은 시 정신까지 사라지는 건 아닐 테지요. 시를 쓰지 않고도 시인으로 살아가는 사람이 있겠지만, 시를 쓸 때만 진정으로 시인이 되는 게 아닐까요. 그러나 시인을 기억하는 것도 어디까지나 시를 통해서일 뿐이라면, 시가 남아 사람들의 가슴을 울리는 한 그는 시인으로 여전히 살아 있을 것이고, 아직도 가야 할 바다로 가라고 고요히 외칠 것입니다.

깨다 졸다
기도조차 잊었더니라

정지용과 한라산

    한라산은 오르고 오르는 산입니다. 조천읍 성판악에서 백록담까지 오르자면 능선을 타거나 계곡을 내려서지 않고 자비 없는 오르막을 걸어야 합니다. 가는 길만 10km니까 김밥 두 줄이 필요한 산행이에요. 울창한 난대림 숲을 지나 오를수록 나무들이 낮아지다 먼바다까지 시야가 트일 즈음, 숨이 차오르고 가슴이 구름처럼 부풀어요.

    1938년 여름, 정지용도 친구인 김영랑, 김현구와 함께 한라산에 올랐습니다.

    절정에 가까울수록 뻐꾹채 꽃키가 점점 소모된다. 한마루 오르면 허리가 스러지고 다시 한마루 위에서 모가지가 없고 나중에는 얼굴만 갸옷 내다본다. 화문(花紋)처럼 판박힌다. 바람이 차기가 함경도끝과 맞서는 데서 뻐꾹채 키는 아조 없어지고 팔월한철엔 흩어진 성진(星辰)처럼 난만하다. 산그림자 어둑어둑하면 그러지 않아도 뻐꾹채 꽃밭에서 별들이 켜든다. 제자리에서 별이 옮긴다. 나는 여기서 기진했다.

- <백록담> 부분

산에 오르는 과정이 뻐꾹채의 키로 표현됐는데 재미있는 발상입니다. 꽃의 키가 점점 소모된다는 말도 특이해요. 보통 40~80cm 정도 자라는 뻐꾹채가 모가지 없이 땅에 붙어 얼굴만 갸웃 내다보다가 나중에는 문신처럼 박혀 있다니, 과장되지만 귀여운 모습이에요. 어둠에 꽃이 사라지면 여름 별들이 그 자리를 대신합니다. 난만(爛漫)하다는 것은 어지러울 정도로 강하고 선명하다는 뜻으로 꽃이나 별에 다 걸리는 표현이니, 화자가 기진하는 이유가 힘겨운 등산뿐 아니라 자연의 압도적인 황홀함 때문이라는 느낌을 주지요. 화자의 행위를 드러내지 않으면서 산에 오르는 과정을 이토록 창조적으로 표현한 걸 보면 정지용은 정말 뛰어난 시인이지요?

그는 한국 현대시에 처음으로 '감각 사용설명서'를 첨부한 시인입니다. 자칫 넘쳐흐르기 쉬운 서정시의 감정을 적절히 통어하면서 세련된 작품을 만드는 방법을 창안했습니다. 예컨대 시 〈유리창〉에서 자식을 잃은 통절한 아픔을 절제했어요. 유리창이라는 사물의 구조를 이용해 삶과 죽음의 경계를 가르면서 신선한 묘사적 비유를 통해 내면을 구체화했고 시에 슬픈 울림을 증폭했습니다. 1926년 발표된 작품으로 최초의 현대시라고도 평가받는 〈카페 프란스〉에서는 이국적이면서 혼종에 가까운 카페의 풍경을 무심히 그리다가 현실의 비애를 호출하지요. "나는 자작의 아들도 아모것도 아니란다 / 남달리 손이 희어서 슬프구나! // 나는 나라도 집도 없단다 / 대리석 테이블에 닿는 내 뺨이 슬프구나!"에 나타나는 인식과 표현은 그의 현실 감각이 빚어 놓은 산물입니다. 다시 말해 그는 어설프나마, 시대의 본질을 파악하고 그것을 손에 잡힐 듯한 장면으로 형상화하려는 감각을 발휘했습니다. 후배 시인들에게 많은 영향을 주었어요.

〈백록담〉은 그의 다른 시 〈바다〉, 〈장수산〉 등이나 다른 시인의 산 소재 작품들과 달리 시 속에 직접적인 체험을 살렸다는 것이 특징입니다. 한라산의 인상과 등반이 아마 시인 자신에게 강렬하게 와 닿았기 때문이죠. 구름이 맴도는 백록담에서 시인은 넋을 놓은 채 "나는 깨다 졸다 기도조차 잊었더니라"라고 고백했습니다. 이 시는 이듬해 1939년 4월 자신이 주관하는 문예지 『문장』에 실렸는데요, 일본의 압제가 극악해지던 시기라는 점을 감안하면 앞서 〈카페 프란스〉에서 보여 주던 시대 감각과 사뭇 동떨어져 있는 건 아닌가 여겨집니다. 당시 여러 가지 사회적인 제약이 있었겠지요. 문학적 트렌드로 볼 때 〈백록담〉은 충분히 새롭고 우아하지만 시대의 공기를 그려 내는 감각으로 볼 때, 좋은 의미로든 나쁜 의미로든 인간 현실과 분리된 공간을 담은 것 같아요.

제주도는 몽골항쟁의 현장입니다. 애월에 삼별초 유적이 남아 있어요. 조선시대에는 조정에서 가장 먼 유배지로 추사 김정희가 예술적으로 거듭난 곳이기도 해요. 정지용이 방문하기 전 1932년에 세화리 해녀들이 일제 수탈에 맹렬히 맞서 싸우

| 다랑쉬굴 입구
| (2013년 촬영)

기도 했습니다. 그의 여유로운 제주 여행은 『조선일보』에 연재 산문으로 발표되었는데 낯선 풍광과 인물에 대한 인상을 그리는 데 초점이 맞춰져 있어요. 그가 〈백록담〉을 발표하고 나서 불과 몇 년 뒤 제주도는 몹시 불행한 일을 겪게 됩니다. 군경에 의해 너무 많은 도민들이 학살당하죠. 최근까지도 역사의 아픔이 치유되지 않고 있어요. 일례로, 제주도에서 가장 큰 오름인 다랑쉬오름의 마을이 흔적도 없이 사라지고, 참화를 피해 다랑쉬굴에 숨어든 사람들이 연기에 질식해 모조리 희생당했어요. 좌익으로 몰린 그 11명 중 아이와 여성도 있었습니

다. 아름다운 오름 아래서 끔찍한 사건이 벌어졌다는 게 너무 이상했어요. 제가 거기 갔을 때도 마을의 흔적을 알리는 팽나무 벌판에 굴 입구가 덩굴로 스산하게 덮여 있었습니다.

제주도 맑고 푸른 바다와 향기로운 숲에 대해 시를 쓰더라도 거기에 가느다란 통곡이 스며 있을까요? 정지용의 시적 재능이 빚어낸 〈백록담〉은 여전히 발랄하고 신선하게 읽힙니다. 한 시인이 모든 것을 가질 순 없지만 시대의 공기를 호흡하고 살려내는 감각, 그리고 그것을 벼리는 시 정신을 품고 있다면, 현실을 감당하고 구원하는 시 한 편이 다시 또 탄생할지 모릅니다.

숲속의
예술가들

 서울 종로에는 산이 많습니다. 인왕산, 백악산(북악산), 낙산이 종로구에 걸쳐 있으니까요. 그리고 무려 북한산의 보현봉(722m), 승가봉(575m), 비봉(560m) 등이 종로구 경계에 우뚝 솟아 있어요.

 성북구 정릉동에서 버스를 타고 북악터널을 지나면 곧바로 종로구 평창동이 나옵니다. 여기가 종로구라고? 싶을 정도로 지대가 높고 공기가 맑고 조용한데 으리으리한 집들이 들어찬 동네입니다. 가나아트센터를 비롯해 영인문학관 같은 문화시설이 있을 뿐 아니라 많은 작가, 화가, 배우, 뮤지션 들이 산기슭 동네에 사는지도 모르게 살고 있어요. 그러나 제가 오늘 가려고 하는 곳은 북한산에서 이어진 백악산의 한 계곡입니다.

 세검정(洗劍亭) 근처, 버스에서 내립니다. 도로를 건너 골목의 백사실계곡 표지를 따라가면(그다음 표지는 없고 길이 갈라지기 때문에 약간의 행운이 필요해요), 바윗길 위에 불쑥 작은 절이 나오는데, 그 뒤 숲길로 들어갑니다. 아니, 숲속에 이런 비밀의 정원이 있다니요! 진짜로 도롱뇽이 살 것 같은 개천 옆에 둥근 연못이 있어요. 천천히 한 바퀴 돌다가 앉아 쉬기 좋은, 아늑한 산속의 연못. 물속에 두 다리를 넣고 누각을 지탱했을 법한 주춧돌도 잠겨 있습니다. 연못 옆 돌계단 위는 조촐한 한옥이 있던 자리예요. 여기도 주춧돌과 기둥 돌만 남아 있습니다. 바로 추사 김정희가 지내던 곳입니다. 십여 그루 느티나무가 가지를 드리우고 상수리나무, 소나무와 더불어 숲속의 분위기를 그윽하게 만들고 있어요. 집터에 앉아 숲을 바라보는 동안, 제 마음이 잔잔해집니다. 마음속에 담아 왔던 고민이나 비밀도 여기선 털어놓을 수 있을 것 같아요.

   이곳은 청와대 경호구역으로 오랫동안 일반인 출입이 통제되었고 이 집터에 누가 살았는지 최근까지도 몰랐어요. 조선시대만 해도 성 밖의 깊은 산속이고 신선이나 살 법한 은둔의 처소였지요. 오솔길을 따라가면 지금도 바위에 백석동천(白石洞天)이라는 글씨가 뚜렷합니다. '동천'은 경치가 아름다운 곳에 붙이는 명칭이에요. 숲을 빠져나와 산등성이를 오르면 멀리 북한산 연봉이 펼쳐집니다. 그 반대편에 백악산 성곽이 가파르게 이어지고 있어요. 드라마 촬영지이기도 한 카페들을 지나 자하문고개로 향합니다. 자하문고개는 백악산과 인왕산의 경계이고, 자하문은 창의문이라고도 하는데 서울성곽의 사대문 사이에 난 소문(小門) 가운데 하나입니다. 환기미술관에

추사 김정희의
별서 터

들르려다 자하문을 통과해 곧바로 윤동주문학관으로 건너갑니다.

처음엔 황당했어요. 종로구 청운동 버려진 건물(청운 수도가압장)에 윤동주문학관이 들어서며(2012년) 그 뒤 성벽 길에

'시인의 언덕'이 생겼을 때 말이에요. 제가 알기로 전기적인 측면에서 윤동주와 자하문고개는 직접적인 관련이 없는데 이곳을 현장으로 한 작품이 존재한다는 실증도 없이 왜 또 시비를 세우고(〈서시〉가 새겨진 윤동주 시비는 이미 서울뿐 아니라 연변과 교토에도 있습니다) 엉뚱하게 언덕 이름을 붙였나 싶었어요. 지자체장의 업적을 쌓으려는 갖다붙이기식 행정이 아닌가 했습니다. 그러다 문학관 앞에서 서울 도심의 야경을 보았어요. 아름다웠습니다. 이렇게 아름다운 곳이라면 윤동주 시비와 문학관이 하나쯤 더 있어도 괜찮다는 마음이 들 정도로.

윤동주가 정말 자하문고개에서 〈별 헤는 밤〉을 썼는지 모르지만, 이곳이 그와 아주 무관하다고만 할 수 없습니다. 백악산 스카이웨이에서 이어진 인왕산길을 따라가다 수성동(水聲洞) 계곡으로 내려가면 누상동이 나오는데요(1.8km 거리), 거기가 바로 윤동주가 하숙하던 곳이니까요. 장소를 서로 떨어뜨려 놓으면 의미가 없어 보이지만, 두 장소를 아우르는 인왕산이라는 권역과 두 곳을 이어주는 산길을 통해 윤동주 시의 현장이라는 의미의 구조가 완성됩니다. 윤동주는 1941년 대학 시절에 소설가 김송(金松)의 집에서 후배 정병욱과 네 달가량 하숙 생활을 합니다. 수성동 계곡을 비롯해 인왕산은 윤동주가 자주 산책하던 곳이지요. 그해에 윤동주는 시 〈또 다른 고향〉과 〈별 헤는 밤〉, 〈서시〉 등을 써요.

졸업을 앞두고 시집을 내려 하지만 여건이 안 되고, 일본 유학을 가려 하지만 집안에서 문과 진학을 반대하는 상황에서, 일제의 압제는 더욱 거세져 제대로 평지에 발붙이기 어려웠던 시대. 윤동주는 소란스러운 사람의 발길을 피해 산으로 들어와 마음을 내려놓고, 그제야 깊은 사유를 정갈한 언어로 풀어놓을 수 있었던 게 아닐까요. 거기에서 별을 올려다보고 다시 인간의 불빛을 바라보면서 시인으로서의 순수한 길을 끝까지 걷기로 다짐하지 않았을까요. 세상의 모든 숲은 더없이 찬란하지만, 때로는 온갖 사물로부터 나를 떨어뜨려 나 자신으로 온전히 돌아가게 합니다. 예술가들이 산으로 간 까닭이 세상으로부터 자신을 놓아주는 동시에 자기를 새롭게 응시하기 위해서였을 거란 생각을 하면서, 청계천으로 흐르는 물줄기가 묻힌 누하동을 따라 통인동으로 내려갑니다. 산은 이미 끝났지만 거기서 나고 자란 시인이자 작가이자 화가 이상(**李箱**)의 숨결을 느낄지도 모른다는 기대에 젖어.

욕망이여 입을 열어라
그 속에서 사랑을 발견하겠다

**박수근, 백남준, 김수영이 살던
동대문 근처**

"서울은 차디찬 곳이다", "알 듯 알 듯하면서도 도저히 이해할 수 없는 이 서울은 무엇인가? 이 결론이 없는 인생 같은 서울, 괴상하고 불쌍한 서울"

1955년 2월 3일 목요일, 김수영 일기의 부분입니다. 전쟁 뒤 복구가 한창이던 도시의 한 다방("뷔엔나")에서 쓰인 것입니다. 김수영은 종로에서 태어나 서울에서 줄곧 살았어요. 외국 글을 번역하여 생계를 잇고 모더니즘 문학에 한창 기울어 있던 시인에게 이 땅의 현실이나 재래의 유산은 어디까지나 극복 대상이었습니다.

그래도 그에게 서울은 유일한 고향이었습니다. 동경 유학과 길림으로의 도피, 부산 포로수용소 시절을 지나 늘 다시 서울로 돌아왔고, 용두동, 충무로4가, 성북동, 돈암동, 구수동 등을 옮겨 지내면서 도시가 바뀌는 것만큼 자신도 변화하였습니다. 종로6가는 그에게 본향과 같은 곳이 아닐까 싶어요. 가세가 기울어 한 살 때 이사 온 뒤 14살까지 살았던 동네입니다.

부모님이 여기서 지물포를 운영했고 고모가 옆집에 살았어요. 다른 데로 이사 간 뒤에도 고모 집을 제집처럼 드나들었습니다. 그가 술에 만취되어 번번이 아침에 깨어난 곳도 낙산이 보이는 그 집이었습니다. "그 당시 우리 집은 동대문 안의 동아골이라는 골목에 있었고, 서쪽으로 올라오면서 한 50미터가량 떨어진 다음 골목이 양사골, 그다음에 100미터쯤 떨어진 곳에 있는 다음 골목이 느릿골이고, 동아골에서 동쪽으로 50미터가량의 다음 골목이 아래 동아골, 거기에서 약 100미터쯤 동쪽이 동대문이었다."(「마당과 동대문」, 1966)

지금은 사라진 골목의 이름을 회상하는 대목에서 그곳의 랜드마크인 동대문이 단연 빠질 수 없지요. 동대문과 접한 종로6가뿐만 아니라 동대문 밖 동묘(東廟)에 이르기까지 그 거리에 지금과 마찬가지로 온갖 상점이 늘어서 있었습니다. 1946년 『예술부락』에 실린 김수영의 데뷔작이 〈묘정의 노래〉인데, 그 묘정이 관우의 사당인 동묘예요. 요즘 힙한 구제 상가가 늘비한 동묘시장을 뚫고 창신동으로 건너가면 화가 박수근의 집터가 나옵니다. 강원도 양구 사람인 그를 기념하는 박수근미술관이 물론 양구의 박수근로 박수근공원에 멋지게 조성되었지요. 그래도 그림이 잔뜩 세워진 좁은 마루에, 런닝셔츠 바람으로 어색하게 앉아 있는 그가 사진으로 찍힌 창신동 한옥이 역시 박수근 미술의 성지가 아닐까요. 가난한 그 집은 그대로 화실이었고 거기서 그는 그림을 그리면서 아이들을 길렸어요. 집이 사라지고 지금 그 자리에 손님이 붐비는 순댓국집만 남았지만요. 그가 가장 많이 그린 대상이 어디까지나 거리와 시장의 평범한 사람들이었으니, 집터를 매입하여 두 번째 기념관을 만들지 못한 것이 그다지 안타깝지 않습니다.

 박수근 집터 앞에서 마루 사진이 실린 기념판을 들여다보다 1967년에 완공된 동대문아파트로 걸어갑니다. 조용히 아파트 중정(中庭)을 둘러보곤 대로를 건너 백남준 집터를 향합니다. 1932년 서린동에서 태어난 백남준은 방직공장을 경영하는 집안 덕에 부유하게 자랐어요. 창신동 집터는 지금 그 자리에 있는 18채 집을 합친 크기니까요. 그중 한 채의 한옥을 국립현대미술관이 구입하여 백남준기념관으로 꾸며 놓았습니다. 백남준은 전쟁 중에 일본을 거쳐 유럽으로 건너가 비디오아트를 창시하고, 전위적인 예술로 세계를 놀라게 한 코스모폴리탄이지요. 그런 그도 역시 한국인이었습니다. 그의 작품에 깊게 밴 샤머니즘이나 불교, 도교의 색채는 어릴 때부터 서울의 일상 속에서 체험한 것입니다. 그는 서양을 배웠지만 거기에 함몰되지 않았어요. 식민주의 역사가 키플링 사망 50주년을 맞이한 1986년에 「바이 바이 키플링」을 제작해 서구 체제에 항의했고, 1996년 「나는 결코 비트겐슈타인을 읽지 않는다」를 통해 20세기 서양 정신을 비판했습니다. 사고의 틀을 남의 것에서 맞추기보다 자신의 전통에서 찾고자 한 반란자였습니다.

 서로 다르지만 통하기도 하는 두 예술가의 거리를 지나 동대문을 지납니다. 종로6가 접어들자마자 좁은 골목으로 꺾어 들어가요. 옛날 '동아골'의 흔적은 찾을 수 없어도 비좁게 얽힌 그 골목이 김수영의 동네입니다. 그의 집터인 116번지와 고모의 집터인 117번지를 확인하고 대로로 걸어갑니다. 골목의 어둠과 정적을 빠져나오자 소란스레 햇빛이 쏟아집니다. 물건을 배달하려고 시동 켠 오토바이들이 늘어서 있어요. 분주하게 사람들이 오갑니다. 길 건너에 은행, 약국, 종묘상, 식당 등이 이어지는데요. 어디선가 본 적 있는 광경이에요. 바로 그의 시 〈거대한 뿌리〉 몇 행이 눈 앞에 펼쳐지는 듯합니다.

> 요강, 망건, 장죽, 종묘상, 구리개 약방, 신전,
> 피혁점, 곰보, 애꾸, 애 못 낳는 여자, 무식쟁이,
> 이 모든 무수한 반동(反動)이 좋다.

모더니스트로서 극복 대상으로만 여겼던 것들이 사실 자신의 실체이고 정신의 근저였다는 것을 깨닫는 순간입니다. 서양에 대한 오래된 콤플렉스를 지우고 전쟁과 분단에서 비롯된 자기부정 또한 넘어서서 우리의 것을 바로 보게 된 감격이 넘칩니다. 마이너로만 치부되던 일상의 평범한 존재가 역사를 일구는 역동적 주체라는 인식이 시행에 드러나 있어요. 그리하여 도시의 욕망에서 삶의 진실을 찾으려는 시적 모험

이 끝없이 시도됩니다. 같은 시에서 "썩어빠진 대한민국이 / 괴롭지 않다 오히려 황송하다 역사는 아무리 / 더러운 역사라도 좋다"와 같이 터져 나온 전통과 민중에 대한 벅찬 긍정은 4·19혁명을 통해 획득된 것이지만, 그가 나고 자란 거리의 생활 체험과 결부될 때 더욱 생생한 구체성을 띨 것입니다.

김수영 종로6가 집터 골목에서 나와
마주하는 거리의 풍경

벌레의 시간에
귀 기울인다면

박완서의 현저동

　1번 국도의 공식 명칭은 국도 제1호선입니다. 이 길은 목포 신항만에서 시작해 광주를 지나 대전, 수원, 안양을 거쳐 서울을 관통하고 판문점에서 일단 멈춥니다. 북쪽 땅에는 신의주까지 연결되는데 국경을 넘어 사신이 오가는 길이라 하여 연행로(燕行路)라 불리기도 했어요. 중국 사신이 무악재 넘어 서대문에 근접하면 조선 관리가 나아가 맞이한 곳이 영은문(迎恩門)인데, 지금은 두 기둥만 남아 있고 그 자리에 1897년 독립협회가 독립문을 세웠지요. 그 길로 군인들도 오갔습니다. 외국 군대뿐만 아니라 6·25전쟁 때 국군과 인민군이 번갈아 가며 길을 차지했어요. 그 길을 품고 있는 동네, 안산과 인왕산 기슭, 무악재 밑 독립문이 버티고 선 동네가 바로 현저동(峴底洞)입니다.

　박완서의 소설 「엄마의 말뚝」에서 어머니가 개성의 시댁을 나와 어린 딸을 처음 이끌고 간 동네가 바로 그곳입니다. 성곽 아래 가파른 경사에 다닥다닥 집들이 붙어 선 동네에서, 작가의 목소리로 들리는 주인공 화자는 매일 인왕산 넘어 성

안의 매동초등학교까지 다니는 생활을 하죠. 어느 날 동네 아이들을 따라간 주인공이 1번 국도를 건너서, 대궐 같은 붉은 담장 집 배수로에서 미끄럼을 타며 놀기도 해요. 그 붉은 담장 집은 물론 서대문형무소이지요. 현저동 산동네에서 어머니는 어렵사리 생의 말뚝을 박고, 남편 없이 어린 자식들과 서울살이를 살아 나갑니다. 「엄마의 말뚝」이 3편까지 발표되고 10여 년 지나 장편소설 『그 많던 싱아는 누가 다 먹었을까』가 출간되며 작가의 이야기가 이어집니다. 줄거리가 비슷한 단편 연작과 장편은 세부적으로 내용이 다르지만 모두 자전적인 소설이에요.

『그 많던 싱아는 누가 다 먹었을까』에서 대학에 갓 들어간 주인공에게 환란이 찾아옵니다. 의용군으로 끌려간 오빠를 기다리느라 미처 피난도 못 갔는데 인민군이 서울을 점령합니다. 주인공은 좌익 학생들이 접수한 학교에서 마지못해 공산주의 교육을 받기도 하지요. 그러다 이번엔 국군이 서울을 수복하자 그곳에 남아 있던 자들은 자신의 사상을 증명해야 할 처지에 놓이게 됩니다. 온갖 단체에 불려가 심문을 받으면서 "빨갱이 아니냐"며 '벌레' 취급받는 수모를 당합니다. 오빠가 집으로 도망쳐 돌아오지만 이미 온전한 정신이 아니었고 실수로 총상까지 입어요. 중공군의 개입으로 다시 1·4후퇴가 시작되자 주인공은 오빠를 태운 수레를 끌고 가족과 피난을 떠나요. 그러나 서울을 벗어나지 못하고 가족이 처음으로 둥지를 튼 현저동으로 숨어듭니다. 주인공은 빈집에서 식량을 뒤지고 군불을 지펴 하루를 지냅니다. 다음날 동태를 살피려고 밖으로 나갑니다.

지대가 높아 동네가 한눈에 내려다보였다. 혁명가들을 해방시키고 숙부를 사형시킨 형무소도 곧장 바라다보였다. 천지에 인기척이라곤 없었다. 마치 차고 푸른 비수가 등골을 살짝 긋는 것처럼 소름이 쫙 끼쳤다. 그건 천지에 사람 없음에 대한 공포감이었고 세상에 나서 처음 느껴 보는 전혀 새로운 느낌이었다. 독립문까지 빤히 보이는 한길에도 골목길에도 집집마다에도 아무도 없었다. 연기가 오르는 집이 어쩌면 한 집도 없단 말인가. 형무소에 인공기라도 꽂혀 있다면 오히려 덜 무서울 것 같았다. 이 큰 도시에 우리만 남아 있다. 이 거대한 공허를 보는 것도 나 혼자뿐이고 앞으로 닥칠 미지의 사태를 보는 것도 우리뿐이라니. 어떻게 그게 가능한가. 차라리 우리도 감쪽같이 소멸할 방법이 있다면 그러고 싶었다.
그때 막다른 골목까지 쫓긴 도망자가 획 돌아서는 것처럼 찰나적으로 사고의 전환이 왔다. 나만 보았다는데 무슨 뜻이 있을 것 같았다. 우리만 여기 남기까지 얼마나 많은 고약한 우연이 엎치고 덮쳤던가. 그래, 나 홀로 보았다면 반드시 그걸 증언할 책무가 있을 것이다. 그거야말로 고약한 우연에 대한 정당한 복수다. 증언할 게 어찌 이 거대한 공허뿐이랴. 벌레의 시간도

증언해야지. 그래야 난 벌레를 벗어날 수가 있다.*

인민군을 피해 달아나는 처지면서도 형무소에 인공기라도 꽂혀 있다면 덜 무서울 것 같은 적막과 공포. 감당할 수 없는 미래 앞에 감쪽같이 소멸하고 싶은 암담함. 어둠 끝에서야 빛이 보이는 걸까요. 그 막다른 길에서 사고의 전환이 옵니다. 고약한 우연을 거쳐 이 길에 서 있다면 홀로 본 것을 증언할 책무도 있다는 깨달음. 증언이라는 건 내가 겪은 것을 기억하고 쓰는 것입니다. 글을 씀으로써 역사와 운명의 괴물에 맞설 수 있기 때문입니다. 소설을 씀으로써 벌레로 전락한 자신을 구원하고, 다시 올지 모를 그때의 비극을 어쩌면 막아낼 수 있을지도 모릅니다. 독자들이 소설을 읽는 내내 저마다의 상상으로 겪지 않은 사건을 겪고 고군분투하는 인물의 심정에 공감할 수만 있다면요. 그러니 증언해야 할 책무만큼 증언에 귀 기울여야 할 책무 또한 존재한다면 억지인가요? 역사의 바퀴가 무수히 굴러가던 그 길을 바라보며 몸서리치고 다짐하는 주인공의 절박한 목소리가 여전히 귓가를 울리고 있다면 자기도 모르게 우리도 비극에 맞서 싸우는 것이고, 가야 할 방향으로 조금씩 바퀴를 굴리며 1번 국도 위에 서 있는 것이겠지요.

* 박완서, 『그 많던 싱아는 누가 다 먹었을까』, 웅진출판, 1995, 268~269쪽.

심장 밑에 감추어 둔
몇 줄

니시와세다 언덕에서

어떻게 시인이 될까요?

한 사람이 시를 마주하고 깊이 좋아하게 되면서 어느덧 시인이 되고 싶은 꿈을 품는다면, 그가 어떻게 시인이 되는 걸까요. 의사나 변호사처럼 자격시험을 치러 면허를 획득하지는 않지요. 시인이 되기 위해 공식적인 교육 과정을 수료해야 하는 것도 아니에요. 신춘문예의 발상지 일본이나 1925년부터 그것을 이어받은 우리나라에서는, 신문사가 주최한 공모에 당선되거나 문예지에 추천을 받으면 자타공인 격으로 시인이 됐다고 인정받는데, 두 나라의 경우가 오히려 특수한 절차에 해당합니다. 그러한 방식도 점차 신뢰를 잃어 가는 것 같아요. 그밖에도 작품을 엮어 책으로 출간하거나 공적인 매체에 시를 발표하는 경우 시인이 됐다는 증표가 될 수 있을 듯해요. 그 과정에서 크고 작은 비용(자비 출판의 경우)이나, 누군가(문예지 관계자나 유명 시인)의 도움이 필요하기도 하겠지요. 그렇지만 근본적으로 시인이 된다는 것은 다른 누가 판단해 줄 사항이 아닙니다. 어쩌면 그 자신이 시를 쓰는 동안 혹은 시인이 되기로 작정한 순간, 시인이 되는 게 아닐까요?

어떤 경로로 시인의 길에 접어들든, 시인이 되는 것은 시인이 되기 전의 시간 때문일 것입니다. 그 시간은 한 시인이 되는 데 중요한 계기와 바탕을 이루겠지요. 그런데 그 시간이 그다지 찬란하거나 충일하지 않을 수 있어요. 실체 없이 열망뿐인 밤이거나 그 열망이 연소하여 재만 남은 한낮일 수도 있습니다. 시인 김수영에게 그 당시가 어떤 흔적으로 남아 있을까요.

김수영이 처음부터 시인이 되려 했던 건 아닌 듯해요. 어릴 적부터 총명했던 그는 14살부터 병(장티푸스와 폐렴, 뇌막염)에 걸리는 바람에 1년여 요양 생활을 하고 뒤늦게 원치 않던 학교에 진학해요. 가세가 점점 기울고 태평양전쟁이 발발하는 동안 그가 연극을 접했던 듯합니다. 급기야 상업학교를 졸업한 1942년 21세에 일본 도쿄로 건너가 사설 연극연구소에서 연출 수업을 받기에 이릅니다. 전시 상황이라 연극 공부가 쉽지 않았어요. 게다가 상인 집안의 8남매 중 장남인 그가 일본에 간 정식 명목이 대학 진학에 있었을 텐데 입시학원과 유사한 예비학교에 다니다 그만둡니다. 청소년 시절의 질병과 어지러운 시대 탓이겠지만 김수영의 초년은 대개 불안과 방황으로 이루어진 시기였어요.

자세히 밝혀지지 않은 일본 유학 시절의 또 다른 일은 그의 연애 사건입니다. 그가 일본에 건너간 진짜 이유는 이미 유학가 있던, 친구 동생인 고인숙을 뒤따른 것이었어요. 그녀가 재학했던 도쿄 분쿄구의 일본여자대학이 김수영이 머물렀던 두 번째 숙소와 가까웠는데(직선거리 500여 미터), 그가 처음 묵었던 첫 번째 거처와 비교해 볼 때 두 번째의 신주쿠구 니시와세다 숙소가 당시 다니던 예비학교와 거리가 더 멀었습니다. 그렇다면 그가 그곳에 머문 이유가 고인숙을 만나기 위한 것이었을 테지요. 그가 여대 기숙사 주위를 수도 없이 찾았을 겁니다. 물론 그는 그녀에게 거절당합니다. 그 거절은 이미 일본행 이전에 행해졌던 것 같아요.

생전에 그가 고인숙과의 관계를 언급한 부분은 몇 줄에 불과합니다. 「낙타 과음」(1953)이라는 수필에, 그것도 낙타산(낙산)에 연상된 내용을 덧붙인 주석이에요.

낙타산은 나와는 인연이 두터운 곳이다. 낙타산 밑에서 사귄 소녀가 있었다. 나는 그 소녀를 따라서 지금으로부터 약 10년 전에 동경에 갔었다. 내가 동경으로 가서 얼마 아니 되어 그 여자는 서울로 다시 돌아왔고, 내가 오랜 방랑을 끝마치고 서울로 돌아왔을 때 그는 미국으로 가 버렸다. 지금 그 여자는 미국 태평양 연안의 어느 대도시에서 결혼 생활을 하고 있다. 영원히 이곳에는 돌아오지 않겠다는 편지가 그의 오빠에게로 왔다 한다. 나와 그 여자의 오빠는 죽마고우이다.[*]

[*] 김수영, 「낙타과음」, 『김수영 전집』 2, 민음사, 2018, 53쪽.

주석이기에 간결하고 건조한 어조로 표현되었는데 이 이상의 내용이 이후에 등장하지 않으므로 고인숙은 김수영의 문학에서 아예 사라진 것처럼 보입니다. 김수영이 애정을 보낸 다른 여성들이 시와 산문에서 적지 않게 등장합니다만, 위 주석에서 알 수 있는 것은 그 죽마고우가 유아 시절부터의 친구인 만큼 그의 누이동생인 고인숙과 알고 지낸 시간이 아주 오래되었고, "낙타산 밑에서 사귄 소녀"라고 한 점으로 실제 두 사람이 교제하였으며 그녀가 김수영의 첫 연인일 가능성이 높다는 겁니다. 그리고 그녀를 따라 도쿄에 갔다고 쓴 것으로 볼 때 그녀에 대한 연정의 깊이를 헤아릴 수 있어요. 10년이 지난 일에 관한 사무적인 어투의 회상에도, 태평양 반대편에서 다시 돌아오지 않을 그녀에 대한 아쉬움이 묻어 나오는 듯합니다. 애초에 낙타산을 부연하는 이 밑도 끝도 없는 주석도 그녀에 대한 유구한 애정이 끌어낸 것이라 할 수 있으니까요.

제가 도쿄에 간 것은 2024년 2월 중순이었습니다. 서울은 아직 겨울이지만 도쿄에는 매화 천지였어요. 며칠 동안 부슬비가 내리다 잠시 멈춘 오후에 전철을 타고 와세다 대학에 갔습니다. 신주쿠 중심가에서 북쪽, 와세다에 자리한 그 학교는 일제 강점기에 우리나라 문학인이 많이 거쳐 간 데예요. 김우진, 양주동, 김광섭, 황순원 등이 졸업하였고 최남선, 이광수, 홍명희 등이 그곳에서 수학했습니다. 일본 문인이야 말할 것도 없겠으나 현역 작가 중 무라카미 하루키가 제1문학부(연극과) 출신이지요. 2021년 교내에 하루키 도서관이 세워졌어요. 물론 김수영은 와세다대 출신이 아닙니다. 도쿄에 먼저 와 있던 선린상업학교 선배 이종구의 하숙방에서 기거하였는데 거기가 서쪽 와세다, 즉 니시와세다입니다. 고급스러운 가쿠슈인여자대학 정문에서 길을 건너 저는 니시와세다 2조메(二丁目)에 들어섰습니다. 낮은 주택들이 밀집한 동네였어요. 그 북쪽 3조메도 좁은 골목으로 이어진 동네로 집들 사이에 신사와 절, 공원이 있어요. 바로 그곳이 김수영이 머물던 동네입니다. 그 오른편이 와세다 대학이니 그가 대학가의 자유로운 분위기를 나름대로 누렸으리라 짐작합니다. 비록 전시 상황이긴 해도.

　니시와세다에서 북쪽으로 칸다 강을 건너 골목을 통과하면 오른쪽으로 갈라진 Y자 도로를 만납니다. 아랫길로 가면 일본여자대학 정문이, 윗길로 가면 후문이 나와요. 아마 기숙사가 후문에 가까웠을 테니 저는 윗길로 걸어 후문에 도착했습니다. 겨울방학 중이고 여자대학인지라 교문이 굳게 잠겨 있었습니다. 오래전에 바로 거기를 김수영은 수도 없이 서성였을 것입니다. 애타게 기다리고 한없이 그리워하면서 그 주위를 맴돌았을 것입니다. 그때도 굳게 닫힌 철문 앞에 담배꽁초 몇 개 떨어뜨리고 같은 길을 그만 되돌아왔겠지요. 다시 칸다 강을 건너 하숙집 동네에 들어서서도 답답한 마음에 방으로 들어가지 못했을 거예요. 골목을 하릴없이 걷다 신사를 지나 그나마 탁 트인 공간인 소학교 운동장에 멈췄을지도 모릅니다. 니시와세다 3조메에 1875년에 개교한 소학교가 있는데요, 제가 갔을 때 창립연도를 알리는 현수막 위에 초등학생이 좋아할 만한 아톰 그림이 걸려 있었어요. 지금은 운동장에 인조 잔디가 깔려 있지만 그때 그가 흙냄새 나는 운동장 가에서 어두워 가는 먼 하늘을 올려다보지 않았을까요. 조선말 노래를 읊조리면서 조금씩 마음을 가라앉히지 않았을까요. 노래가 혼잣말로 바뀌고 혼잣말이 몇 줄의 시가 되면 그길로 하숙방에 올라가 종이에 옮기기도 했겠지요. 그렇게 써 간 몇 줄을 몇 날이고 고치고 덧붙이면서 불안하고 궁핍한 시기를 버텨 나갔겠지요.

완성된 시도 없이 그때 이미 그는 시인이 되었던 겁니다. 그때의 몇몇 줄이 거의 사라졌지만, 자기도 모르게 가슴에 살아 있던 가느다란 빛과 소음이 이후의 여러 시에 보태졌을 테고, 그것으로 마음 여린 한 청년이 비로소 우리가 아는 김수영이 되지 않았을까요.

와세다대의 상징인
오오쿠마기념강당

일본여자대학 후문

우리들의
해방일지

이범선과 해방촌

　이렇게 높은 산동네에 오거리라뇨. 신호등 없는 좁은 오거리에 차와 사람이 엉켜 서로들 눈치 보다 간신히 지납니다. 별다른 사고가 일어나지 않고 사람들도 어째 불편해하지 않는 것 같아요. 나이 든 주민이 많지만 외국인도 간간 나타나고 교복 입은 학생도 무리 지어 길을 건넙니다. 젊고 세련된 여성들이 자주 보이는 건 예쁜 카페와 레스토랑이 늘었기 때문입니다. 용산2가동 주민센터 맞은편 길로 신흥시장 입구가 나오고 과일가게 지나 떡방앗간 앞에 해방교회가 우람하게 솟았습니다. 더 걷다가 보성여고 다음부터는 내리막길이니 다시 돌아옵니다. 여기는 해방촌오거리예요.

　해방촌은 해방 뒤 월남한 사람들이 산기슭에 무허가 판잣집을 지으면서 생긴 동네입니다. 일을 찾아 서울에 몰려든 지방 사람들이 해방촌에 더해지면서 오거리가 생길 정도로 인구가 늘어났어요. 일제 강점기에는 남산 조선신궁 일부와 일본군 사격장이 여기 있었다고 하네요. 행정구역으로 가리킬 수 없는 해방촌은 어림잡아 후암동 윗동네로 남산 서쪽 기슭에 자리합니다. 여기 오는 방법이 몇 가지 있는데요. 갈월동 숙대입구역이나 남영역에서 내려 버스를 갈아타지 않고 남산타워를 향해 죽 걸어오는 길이 있습니다. 왼편으로 수도여고 옛터인 교육청 신청사 부지를 지나 오른편으로 용산고 정문을 끼고 올라오면 후암동 버스 종점이 있어요. 이 일대부터가 해방촌이라 할 수 있습니다. 여기서 오른쪽 길로 접어들면 다시 두 갈래 길이 나오는데 바로 왼쪽이 108계단으로, 동네 한가운데를 가파르게 가르며 남산으로 오르는 길입니다. 계단 중앙에 보기 드문 경사형 엘리베이터가 설치됐어요. 이 계단은 남산신궁 참배를 위해 만든 것입니다. 계단 사이로 집들이 빼곡히 들어차 있어요. 계단을 지나 동네 둔덕에는 전에 정일학원이었고 지금은 사무실과 카페로 운영되는 낡고 큰 건물이 있는데, 거기가 전쟁 뒤 평양에서 옮겨온 숭실학교 자리입니다. 이 학교가 평양에 있을 때 시인 윤동주가 당국에서 강요한 신사 참배를 거부하다 동료들과 함께 자퇴하죠. 숭실중학교도 곧 폐교됩니다. 이 건물을 왼쪽에 끼고 경삿길을 더 가면 맛집 골목이 된 신흥시장 지나 해방촌오거리에 당도합니다.

1959년 이범선이 『현대문학』 10월호에 발표한 소설 「오발탄」에서, 월남민인 주인공 송철호가 퇴근하여 이곳 해방촌 판잣집으로 돌아옵니다. 북에서 부유하게 살던 어머니는 실성하여 누워 있고 신여성이던 임산부 아내는 절망에 빠져 귀신처럼 방구석에 박혀 있습니다. 철호가 답답한 집을 나와 산기슭 바위에 쭈그려 앉아서는 서울의 불빛을 망연히 바라보는 장면이 나와요. 도시가 재건되고 수도의 모습을 찾아가던 밤거리에 술 광고 네온사인이 핑그르르 돌아갑니다. 거리보다 화려한 것은 밤 하늘이라서 철호가 머리를 들어 북두칠성을 찾고 북극성을 기준으로 북쪽을 가늠하면서, 고향 마을의 좁은 길과 거기 솟은 돌부리까지 떠올려 봅니다. 해방촌의 바위 잔등은 서울의 불빛을 조망하고 먼 하늘을 바라보며 잃어버린 고향을 그리던 장소예요. 분단과 전쟁 때문에 도시 최하층민으로 전락한 철호 일가에게 해방촌은 가난에서 해방되지 못한 채 쫓기듯 생존해야 하는 도시의 끄트머리였습니다. 양심을 지키며 살아가는 철호에게 제대군인인 동생 영호가 불평등한 세상을 한탄하다가 급기야 권총 강도가 됩니다. '양공주'인 여동생 명숙의 돈다발을 받아든 철호가 경찰서에 붙잡힌 영호에게 갈지 아이 낳다 죽은 아내에게 갈지 선택하지 못한 채 택시 안에서 출혈로 정신을 잃는 사이 이 '신의 오발탄'을 태운 차는 밤 도심을 헤맵니다.

이 오발탄이란 단어는 택시 기사가 조수에게 한 말에서 등장해요. 전쟁이 끝난 지 몇 년 안 된지라 그와 관련된 언어들이 난무했던 것 같아요. 그 시절 택시에 나이 어린 조수가 동승했다는 것이 이채롭습니다. 과거 전차나 시내버스에서도 비교적 어린 여성 차장이 출입문을 여닫고 요금을 받았죠. 저임금 노동자였고 일의 강도는 높았습니다. 일제 강점기를 거쳐 전쟁을 끝낸 뒤 다른 나라의 원조 없이 자립하기도 어려운 시절이었습니다. 바른 청년이던 영호가 권총 강도를 벌이고 명숙이 손가락질 받더라도 미군을 만났던 건 먹고살기 위해서였습니다. 그런 의미에서 해방촌은 분단과 냉전의 산물이면서 그로 인한 생존의 최전선이었습니다. 일자리는 부족하고 많은 이들이 끼니를 때우기 힘들었어요. 죽기보다 어려워도 살아야만 했던 건 어두운 세상과 달리 밝게 자라는 가녀린 자식들 때문이었는지 모르겠어요. 작품 속에 등장하는 철호의 다섯 살 딸은 다음날 화신백화점 구경을 갈 수 있을지, 삼촌이 사준 신발을 정말 신어도 되는지 궁금해합니다. 엄마가 동생을 낳다 죽은 줄도 모르는 그 아이가 설혹 성매매 여성, 소매치기가 되거나 도시의 저임금 노동자로 살지 않도록, 철호는 갈 길 잃은 택시에서 어떻게든 걸어 나와야겠지요. 해방촌에는 그런 수많은 철호들이 남의 지붕 위에 방을 올리고 살아갔습니다. 처지가 딱한 사람들끼리 싸울 일도 없지 않았겠지만 서로에게 정 붙이며 깊은 위로 또한 나누었겠지요.

지금도 동네 골목 가에서 주민들이 대화하며 웃음꽃 피우는 모습을 지켜봅니다. 아파트 단지가 되지 않은 옛날의 여느 골목 풍경을 보는 듯해요. 그러나 외지인 발길이 늘면서 해방촌의 전체적인 광경이 꽤 바뀌었어요. 도시재생사업으로 시장

낡은 상점이 개성 있는 가게들로 바뀌고 해방촌 위 소월로를 따라 여러 건물이 카페로 리모델링 되고 신축 건물도 들어서면서 또 다른 활기가 더해지고 있습니다. 산 아래를 조망하며 소월로를 걷습니다. 남산공원에서 잠시 다리를 쉬다가 그랜드하얏트 호텔 앞으로 육교를 건넙니다. 이런 오성급 호텔의 객실에서라면 해방촌의 전모가 훨씬 잘 보이겠지요. 그러나 이 호텔의 가장 아름답고 비싼 전망은 한강을 향하고 있어요. 호텔 아래 한남동에 지어진 저택들은 우리나라에서 제일 높은 집값을 때마다 경신하고 있습니다. 사람 한 명 지나지 않는 넓고 휑한 한남동 골목을 걸어 내려갑니다. 이 동네에는 대사관저도 있지만 재벌 총수들의 집도 자리하고 있어요. 같은 남산 기슭이건만 해방촌과는 전혀 다른 분위기를 풍기는 동네입니다. 이태원동으로 이리저리 방향을 틀어 지하철역이 있는 평지로 내려갑니다.

  역으로 곧바로 가지 않고 오른쪽으로 돌려 식당 거리를 통과해요. 해밀턴 호텔 뒷길을 걸어 왼편 골목으로 접어듭니다. 좁고 경사진 골목이에요. 해방촌 답사를 동행한 대학생들의 발걸음이 조금씩 늦춰지다가, 멎습니다. 얼굴빛이 점차 달라지더니 몇 명이 먼저 툭, 눈물을 터뜨립니다. 그 모습을 보고 가만 있던 사람도 눈시울을 붉힙니다. 아무도 말이 없습니다. 이태원 참사 추모 공간에 쪼그리고서 꽃다발을 정리하는 마른 남자는, 한눈에 봐도 희생자의 유족 같아요. 소설 속 송철호의 모습도 겹쳐 보입니다. 호텔 벽면에 애도의 글이 적힌 수많은 색색의 포스트잇이 붙어 있어요. 참극이 일어난 지 벌써 반년이 흘렀지만, 여전히 숱한 사람들의 발길이, 마음이 이태원 이 자리에 머물고 있어요. 눈물들을 지우고 나서는, '왜 이런 끔찍한 일이…', '누가 어떻게 어이없이 이런 일을…'이라며 말 맺지 못한 채, 강렬한 분노와 의문을 저마다의 가슴에 품습니다. 응당 가슴에 품기만 할 일이 아니겠지요. 그 분노와 의문으로부터 우리가 진정으로 해방되는 날이 곧 올까요?

2023년 5월. 2024년 4월 같은 장소에 가봤더니
벽면이 철거되고 작게 추모 표지만 남아 있었습니다.

시가 뭐냐고
누군가 물을 때

김종삼과 정릉동, 길음동

1

그대 세상 뜨고
길음성당 안팎의 늦추위
점박이 눈이 내리고
길음시장의 생선가게들을 지나
목판 위에서 눈 껌벅이는
(자세히 보면 껌벅이지 않는)
모두 입벌린
(한꺼번에 숨막혀 세상 뜬)
생선들을 지나
얼어 있는 언덕을 올랐다

황동규 시인의 시 〈점박이 눈〉 일부입니다. 시의 화자가 김종삼 시인 장례식에 참석하려고 길음시장 생선가게들을 통과해 언덕 위 성당에 오릅니다. 시장 생선들이 눈 뜨고 입 벌린 채 얼어 있는 모습을 관찰하며 지나는 정경이 약간 부산하게 느껴져요. 마치 장례식 가는 길이 한참이나 늦춰지길 바라 딴청 피우는 것처럼 보입니다. 그렇지만 숨 막혀 입 벌린 생선의 "껌벅이지 않는" 눈은 죽음의 표상이네요. 얼어 있는 눈만큼이나 "얼어 있는 언덕" 또한 저세상으로 가는 통로입니다. 딱딱하게 얼어 있거나 굳어 있는 것, 통하지 않고 막혀 있는 것이, 살아 있는 것과 대비되는 상태라고 볼 수 있습니다. 시 앞에서 상장(喪章)을 매단 듯한 "점박이 눈"이 내릴 때 이미 죽음의 의식이 시작된 걸까요. 부고를 전해 듣자마자 그만 세상 모든 사물이 죽음과 관련돼 버린 걸까요.

영결미사가 시작되고
합창이 막을 열었다
복사(服事)가 종을 흔들자
그대는 하느님의 이상한 아들이 되어 신발 한 짝 끌고
성가(聖歌) 속에 잠시 잠시
숨었다 나타났다 했다
몰래 따라 들어가 보면
그대는 막 출발하는 버스에 매달렸다
신문지 말아 감춘 진로병을 가슴에 안고
눈이 껌벅여지지 않았다
추위 때문인가
입을 벌려도 숨이 답답했다
(마음이 얼얼하면

몸 속이 환해지리)
그대 탄 버스 앞길에 자욱이 내리는 눈

점박이 눈이었다.

같은 시의 마지막 부분입니다. 신발 한 짝 끌고 나타나거나 막 출발하는 버스에 매달린 망자는 남의 장례를 구경하러 온 천진한 조문객 같아요. 김종삼이 죽음에도 삶에도 초연했던 시인이기 때문일까요. 오히려 소주병을 안은 화자가 "눈이 껌벅여지지 않"고 "입을 벌려도 숨이 답답"합니다. 앞서 본 시장의 생선들처럼요. 죽은 자 앞에서 유사 죽음을 전시하는 것이 애도의 한 방식이겠지만, 평소 죽음이라는 시적 주제에 천착하던 황동규 시인이 그것을 자연스레 추체험하는 상황이라 할 수도 있습니다. 자욱이 쏟아지는 눈을 헤치며 달리는 버스에서 화자는 재차 "점박이 눈"을 만납니다. 그것은 눈송이라기보다 길음시장에서 마주친 생선의 굳은 눈동자들이고, 세상을 살아도 죽음 아닌 게 없다는 사실을 확인케 하는 사물이기도 합니다. 다만, "몸 속이 환해지"기까지 "마음이 얼얼하"려면 얼마나 많은 추운 언덕을 올라야 할까요. 그의 시에 중요하게 등장하는 '환함'은 정신적 각성이나 해방, 존재의 씻김 등을 의미합니다. '얼어 있는 것'과 가까운 '얼얼함'에서 화자가 '환함'으로 도달하는 과정이 비약을 거친 것이라면 그 계기로 작용한 것이 김종삼 시인의 죽음과 삶이겠지요.

2

> 1947년 봄
> 심야
> 황해도 해주의 바다
> 이남과 이북의 경계 용당포
>
> 사공은 조심 조심 노를 저어가고 있었다.
> 울음과 터뜨린 한 영아를 삼킨 곳.
> 스무 몇 해나 지나서도 누구나 그 수심(水深)을 모른다.
>
> — <민간인>

　　김종삼은 1921년 황해도 은율에서 태어납니다. 평양 숭실중학교를 중퇴한 후 1938년 일본으로 건너가 도요시마 상업학교를 졸업했어요. 동경문화원을 중퇴하고 해방 직후 귀국한 뒤 1947년 가족과 월남합니다. 위 시는 월남하던 상황을 그린 듯합니다. 소문으로만 듣던 용당포에서의 가슴 아픈 사건을 표현했는데요. 그 현장을 "울음을 터뜨린 한 영아를 삼킨 곳"이라는 한 행으로 압축하였습니다. 너무나도 긴 얘기를 줄인 것이니 시적 생략을 했다고 볼 수도 있겠지요. 그러고는 "수심

(水深)을 모른다"고 하여 그 비극의 총체를 제시했습니다. 바다의 구조를 이용해서 '수심'이라 했는데요, 여기서 '모른다'는 서술어보다 그 사태를 명확히 표현할 수 있는 말이 없어요. 이 시에는 어떤 감정 표시도 설명도 없습니다. 앞서 황동규 시인이 '얼얼하다'고 한 정신적 엄결성의 자세가 이 시에 구현된 듯해요. 시의 제목이 '민간인'인데, 군인 아닌 민간인조차 분단과 전쟁의 혹독한 상황에 내맡겨진다니 그 시절을 사는 모두가 절망적인 존재일 뿐입니다.

후기로 갈수록 김종삼의 시는 현실의 처참함과 내면의 황막함을 벗어나 좀 더 가까이 이웃에게 다가갑니다.

누군가 나에게 물었다. 시가 뭐냐고
나는 시인이 못됨으로 잘 모른다고 대답하였다.
무교동과 종로와 명동과 남산과
서울역 앞을 걸었다.
저녁녘 남대문 시장 안에서
빈대떡을 먹을 때 생각나고 있었다.
그런 사람들이
엄청난 고생 되어도
순하고 명랑하고 맘 좋고 인정이
있으므로 슬기롭게 사는 사람들이
그런 사람들이
이 세상에서 알파이고
고귀한 인류이고

영원한 광명이고
다름 아닌 시인이라고.

— ⟨누군가 나에게 물었다⟩

    그는 ⟨장편(掌篇) 2⟩에서 장애인 어버이를 이끌고 밥집에 나타난 거지 소녀를 그리고, ⟨앞날을 향하여⟩에서 병원에서 만난 절박한 아낙네에게 연민의 시각을 비치기도 하였습니다. ⟨누군가 나에게 물었다⟩에서 누가 시가 뭐냐고 물었을 때 자신이 시인이 아니므로 잘 모른다고 대답한 것은, 시인에 대한 그의 태도를 잘 보여 줍니다. 시인의 드높은 위의를 그는 다른 이들에게 돌리고 있는데요, 그들은 "엄청난 고생 되어도 / 순하고 명랑하고 맘 좋고 인정이 / 있으므로 슬기롭게 사는 사람들"입니다. 엄청나게 고생하는데도 순하고 명랑하고 맘 좋고 인정이 있기가 얼마나 어려운 일인가요. 보통 사람이 여간해서 행하기 힘든 경지예요. 그리고 슬기롭게 산다는 것 또한 단순히 지혜롭게 지낸다는 뜻이 아닙니다. 앞에 연결된 수식을 포함하여 "(…) 인정이 / 있으므로 슬기롭게 사는"에서 "있으므로"에 주목한다면, 그 슬기로움은 여러 미덕(순함, 명랑함, 맘 좋음, 인정의 결합)을 요건으로 갖춰야 얻을 수 있는 것입니다. 그러니 거리나 시장에서 우연히 마주친 누구나가 시인인 것은 아니죠. 다만 김종삼이 이상적 인간의 전형으로 여긴 시인의 본질을 선하고 씩씩한 서민들을 통해 발견했다고 말한다면 과히 틀리지 않을 것입니다.

3

1979년경 종로구 옥인동 집이 헐리는 바람에 김종삼이 정릉으로 이사합니다. 시 〈아리랑고개〉에서 화자가 나운규를 떠올리면서 5번 버스를 타고 고개를 넘어가는 모습이 나옵니다. 고개 아래 정릉(貞陵)은 조선 태조가 왕이 되기 전 결혼한 신덕왕후 강씨를 모신 능입니다. 네, 맞아요. 우물가에서 목마른 이성계에게 버들잎을 띄워 바가지를 건네준 처녀가 그 왕비예요. 원래 사대문 안 중구 정동(貞洞)에 있던 능을 이방원이 왕이 된 뒤 지금의 후미진 자리로 옮겼습니다. 정동은 원래 정릉동(貞陵洞)이었는데 능이 없어졌으니 정동으로 바뀌었어요. 능이 옮겨진 동네가 새로 정릉동이 되었기 때문에, 현재의 정동과 정릉동은 아무래도 이어져 있네요.

한편, 김종삼이 살던 시기에 정릉동은 북한산 밑 달동네에 가까웠습니다. 오래전 공동묘지가 있던 미아리고개에까지 정릉동이 걸쳐 있고, 이제는 사라진 성매매 집결지, 일명 '미아리 텍사스'가 옆에 있었습니다. 정릉동과 길음동(吉音洞)은 붙어 있습니다. 이 글 맨 앞에 나온 "길음성당"은 길음뉴타운이 들어선 뒤에도 그 언덕에 여전히 있고 성당 뒤편에도 성가

수녀원이 자리하고 있어요. 현재는 아파트 단지 담장에 막혀 있지만 길음시장 생선가게에서 가파른 계단을 올라가면 길 건너 성당보다 한미병원이 먼저 나타났습니다. 언덕에 성당과 나란히 서 있던 한미병원은 당시로선 규모가 큰 병원이었어요. 병원 앞뜰에 연못이 있고 커다란 잉어들이 헤엄쳐 다녔어요. 옥상 전체가 철조로 된 새장으로 꾸며져 있었어요. 들리던 말로는 서울에서 시체가 두 번째로 많이 들어오는 병원이라고 했습니다. 시 〈장편(掌篇)〉에서 연탄가스 중독으로 죽은 두 딸을 찾아 부여에서 올라온 낯선 남자를, 시인이 한미병원 시체실로 안내하는 장면이 있어요.

〈앞날을 향하여〉에 드러나듯 십수 일 의식을 잃으며 입원한 적 있던 그가 여러 차례 그 병원 신세를 졌을 거라 짐작합니다. 달동네의 성당과 시장과 수녀원과 집창촌이 마치 한데 엮여 있던 것처럼, 몸 아픈 사람과 죽은 사람이 성황을 이루는 한미병원이 가운데 좌정하고 있어서, 시인이 헐렁한 환자복을 입은 채 그 사이를 어슬렁거리는 상상을 했기 때문이 아니에요. 그보다는 정릉천 언덕바지에서 태어난 아이가 큰누나와 작은누나를 따라갔다가, 누나들이 예배드리는 동안 한미병원 잉어 구경에 지쳐 다시 성당 마당으로 돌아가 마리아상 앞에서 저녁 어스름에 외로운 마음이 살살 들 적에, 눈빛 깊은 어떤 할아버지가 다가와 이름을 물어보고 머리 쓰다듬은 뒤 바지 주머니에서 사탕 몇 개를 꺼내 준 일을 기억하면서, 그 사

| 길음동 성당

람이 분명 김종삼 시인이었을 거라 생각하길 좋아하기 때문입니다.

한일월드컵이 끝나고 2년 후 제가 태어나고 자란 정릉동을 떠났습니다. 집터에 아파트가 들어섰어요. 길음시장도 줄어들었습니다. 그동안 저는 아이들을 낳고 시집을 한 권 냈습니다. 어느 날 길음동 성당 앞을 지날 때 누군가 제게 슬쩍 다가와, 시가 뭐냐고 묻는다면 어떡할까요. 그 누군가가 만일 김종삼 시인이라면 저는 어떻게 답을 해야 할까요. 말문이 막힌 채 가까스로 눈을 끔뻑이면서, 해지는 언덕 위를 언제까지고 춥고 불안하게 서성일 테지요.

누구나 조금씩은
안개의 주식을 갖고 있다

기형도와 소하동

봄이 와도 여기는 아름답지 않습니다. 쓰레기 처리장 근처뿐 아니라 하천에서 은근히 악취가 풍겨요. 고속도로와 고가도로 사이 굴다리로 트럭들이 돌진합니다. 흙먼지가 자욱하게 이는 이곳이 시의 현장이라고요?

시인 기형도(1960~1989)가 유년기를 거쳐 마지막까지 살던 동네, 광명시 소하동입니다. 거대한 기아자동차 공장이 들어선 곳, 메모리얼 파크(추모 시설)와 폐기물 재활용 공장, 안양천 제방을 따라 늘어선 낡은 집들. 철길이 지나가는 벽에 한 고등학교 문학 단체가 "기형도 시인 생가 터"라고 표지판을 붙여 놓았습니다. 사실 기형도가 태어난 데는 서해 연평도예요. 다섯 살 때 이곳 광명(당시 시흥군)으로 이사 왔고(기아대교 앞 재활용 업체 자리), 그의 아버지가 작은 집을 지어 다시 옮겨온 곳이 바로 이 터입니다.

문학 답사 현장으로 낭만적인 장소가 아닙니다. 그러나 현장 답사에는 상상력이 매우 필요해서, 지금 눈앞의 도로, 아파트와 다리를 지우고 50년 전의 천변 마을을 떠올려야 해요.

너무 자주 안개가 끼고 그 틈으로 느릿느릿 아이들이 새어 나오는 마을. 그 아이들 가운데 시흥국민학교의 영민한 기형도가 보이네요. 불쑥 튀어나온 삼륜차를 피해 공장으로 출근하는 여직공들과 엇갈립니다. 어린 기형도는 가난한 이 벌판에서 자라 중고등학교와 대학교, 신문사까지 다녀요. 그가 이곳에 살면서 보고 느낀 것들이 1970~80년대 시대상의 알레고리로 형상화되기에 이릅니다.

    안개에 익숙하지 않은 사람들은 처음 얼마 동안
    보행의 경계심을 늦추는 법이 없지만, 곧 남들처럼
    안개 속을 이리저리 뚫고 다닌다. 습관이란
    참으로 편리한 것이다. 쉽게 안개와 식구가 되고
    멀리 송전탑이 희미한 동체를 드러낼 때까지
    그들은 미친 듯이 흘러다닌다.

    (…)

    몇 가지 사소한 사건도 있었다.
    한밤중에 여직공 하나가 겁탈당했다.
    기숙사와 가까운 곳이었으나 그녀의 입이 막히자
    그것으로 끝이었다. 지난겨울엔
    방죽 위에서 취객 하나가 얼어 죽었다.
    바로 곁을 지난 삼륜차는 그것이
    쓰레기더미인 줄 알았다고 했다. 그러나 그것은

개인적인 불행일 뿐, 안개의 탓은 아니다.

- <안개> 부분

이 시에서 "몇 가지 사소한 사건"은 군사독재 시절 넘쳐나던 탄압과 유린으로도 읽히는데, 이는 담담함을 지나쳐 그것을 냉정하게 진술하는 어조와 결합해 시적 아이러니를 유발합니다. 다시 말해 그런 무참한 사건이 절대 "개인적인 불행"이 아니며 안개로 상징된 부당한 권력과 시스템이 압도적이면서 은밀하게 자행하는 폭력의 결과물이라는 웅변으로 다가와요. 1985년 동아일보 신춘문예 당선작 <안개>는 그렇게 출구가 보이지 않는 그 시대의 암울한 현실을 독특하게 보여 줍니다.

기형도는 중앙일보사에서 기자로 일하면서 세상의 부조리를 사실대로 전하지 못하는 상황에 절망하고 자신의 처지를 부끄러워해요. 산문 「짧은 여행의 기록」에서 광주 여행 중 자신이 써 놓고 온 기사가 실린 신문을 보고 '욕지기'를 느끼고, 망월동 묘역에서 만난 이한열의 어머니와 헤어지고도 '형벌을 당하듯' 땀을 흘립니다. 폭압에 항거하다 쓰러진 사람들, 어쩌면 자기 대신 죽음을 맞이한 후배를 위해 그의 시가 미력한 힘이 될 수 있을까요?

시 <입속의 검은 잎>에 "망자의 혀"가 거리에 흘러넘치는 장면에서 그는 "나는 더 이상 대답하지 않으면 안 된다"고 결심하면서 "내 입속에 악착같이 매달린 검은 잎이 나는 두렵다"고 고백합니다. 시대의 고통을 감내하며 그 엄청난 폭압의 실상을 증언하는 것이 살아남은 자의 임무라면 기형도의 유고 시집은 그것에 값하는 것일지 모릅니다. 여전히 사람들이 그의 시집이 읽으며 강렬하게 그를 추억하니까요.

그의 흔적을 따라 다시 1호선 석수역에 내립니다. 시흥대로 반대편 출구로 나와, 한강을 향해 북쪽으로 흐르는 안양천을 바라봅니다. 멀리 아파트 숲이 들어선 소하동에 아직 벚꽃이 피지 않았어요. 안개 대신 연일 미세먼지가 끼어 있는 봄날입니다. 버드나무에 푸른 빛이 돌고 바람마저 부드럽게 살랑이네요. 운동 나온 사람들이 저마다 마스크를 쓰고 길을 따라 익숙히 걷고 있습니다. 기형도는 여기 없지만 그가 그토록 괴로워한 현실이 그의 바람대로 완전히 바뀐 걸까요? 아니면 그보다 더한 문제가 안개보다 짙은 안개에 싸여 지금도 은밀히 우리 폐부로 스며들고 있나요?

깎을수록 투명한
하나의 돛이 될 때까지

돌아오는 봄,
돌아오지 않는 사람

김소월 시집 『진달래꽃』의 <산유화>

"어떤 시가 좋은 시예요?"

불쑥 한 분이 물으셨어요. 불쑥 묻는 말에 얼른 화답하는 게 맞을 것 같아서, "오래 읽히는 시가 좋은 시입니다"라고 했습니다.

몇 년째 초판본을 영인하여 출판한 시집들이 서점에서 많이 팔리고 있어요. 베스트셀러 소설이나 핫한 자기계발서에 비할 건 아니지만, 대형서점뿐 아니라 동네서점에서도 쉽게 찾아볼 수 있으니 인기 있는 책들이라 할 수 있습니다. 윤동주의 『하늘과 바람과 별과 시』, 백석의 『사슴』, 한용운의 『님의 침묵』. 무엇보다 김소월의 『진달래꽃』도 빠뜨릴 수 없어요. 1925년에 간행되었으니 곧 100년이 되는 시집입니다. 100년 동안 읽히는 시라면 좋은 시라고 해도 되지 않을까요?

물론 각급 학교 시험과 수능에 김소월 시가 출제될 수 있으니 울며 겨자 먹기로 시 내용을 암기해야 하고, 여기저기서 흔히 읽게 되는 시 작품에 새로운 감흥이 생길 리 없죠. 한국 근대시의 선구자란 징표가 붙은 시인이고 그의 작품들이라,

습도가 조절되는 강화유리 안에 전시된 유물처럼 여겨지기도 해요.

실제로 지금 전해지는 시집 『진달래꽃』(매문사) 초판본 4종이 등록문화재입니다. 총판매소가 한성도서주식회사라고 찍힌 3종(등록문화재 제470-2~4호)은 표지에 그림이 있고, 중앙서림으로 찍힌 1종은 표지 그림이 없는데 앞의 책과 달리 본문 글자의 오류가 바로잡혀 있어요. 등록문화재 제470-1호입니다. 저도 그 시집을 직접 펼쳐 본 적이 없어요. 세 권은 개인이 소장하고 한 권은 김소월이 졸업한 배재고등학교의 배재학당역사박물관이 소장하고 있어요. 선교사 아펜젤러가 정동에 세운 학당이 그 박물관인데 그 멋진 건물 역시 서울시 기념물 16호로 지정된 건축문화재입니다. 제가 가진 책은 문학사상사에서 자료집으로 영인한 시집으로, 1939년판이라고 찍혀 있으니 재간행된 시집을 원본으로 한 것이죠. 표지에 시인 이름이 김정식(金廷湜)으로 되어 있네요. 아시다시피 김소월 본명이에요.

시집에 수록된 작품으로, 남산 소월로 시비에 새겨진 그의 대표작 〈산유화(山有花)〉를 볼까요?

    山에는 꽃 피네
    꽃이 피네
    갈 봄 여름 없이

꽃이 피네

山에
山에
피는 꽃은
저만치 혼자서 피어 있네

山에서 우는 작은 새여
꽃이 좋아
山에서
사노라네

山에는 꽃 지네
꽃이 지네
갈 봄 여름 없이
꽃이 지네

 김소월은 민요의 전통을 계승한 시인이지만 혁신가예요. 김억이나 주요한이 다소 규격화된 리듬을 구사했다면 그는 7·5조의 리듬을 자유롭게 변형합니다. 1학년 초등학생의 눈으로 1연을 보세요. 낯설죠? 누구에게나 익숙한 봄, 여름, 가을 순이 아니라 가을, 봄, 여름 순서로 배열해 절묘하게 계절이 순환하는 것을 표현한 거예요. '가을'도 부드러운 호흡을 위해 "갈"로 바꾸었어요. "갈"이 봄 앞에 수식어처럼 붙어서 봄과 여름을 밀어붙이면서 정말 지구를 공전시키는 느낌을 더해 줍니다. 2연과 3연은 같은 7·5조이면서 1연과 달라요. 2연 1·2행에 과감하게 한 어절씩만 배치됐어요. 누가 "산에 / 산에"라고 유장하게 읊을 때, 판소리꾼은 아니더라도 고개를 돌리며 팔을 쭉 뻗어 이 산과 저 산을 아련히 둘러보는 것처럼 여겨져요.

'저만치 혼자 피어 있는 꽃'은 어떤 꽃일까요? 소설가 김동리는 "저만치"에 유난히 주목해 거기에 '자아와 청산과의 거리'가 담겨 있다는 존재론적인 해석을 내렸어요. 무슨 얘긴지 모르겠죠? 저는 산길에서 갑자기 꽃나무를 만났을 때의 돌연한 느낌을 표현한 게 아닐까 짐작하지만요. 아무도 안 보는데 혼자서 너무 아름답게 피어 있는 진달래나 목련을 보면 슬프잖아요. 너도 누구처럼 참 고독하구나 하는 생각도 들고. 3연엔 정말 놀랄 만한 조합이 들어 있어요. 원래 꽃에는 나비나 벌이잖아요. 그런데 꽃과 새를 매칭한 건 새로운 발상입니다. 꽃이 좋아 산에 산다는 새에 시인의 감정이 스며 있어요. 그토록 조화로운 자연의 순리에 시인도 깃들고자 하는 소박하고 맑은 염원이 느껴져요. 4연에 꽃이 지지만 그것이 1연과 상응하기 때문에, 쓰이지 않은 5연에 다시 꽃이 피리라는 기대가 생기죠. 그래서 무한히 끝나지 않을 울림으로 남습니다.

이토록 쉬운 우리말로 이런 시를 쓴다는 게 신기해요. 이 시가 오래도록 사랑받은 이유는, 투명한 언어로 누구나 느낄 수 있는 보편적인 정서를 잘 표현했기 때문이 아닐까요? 아무리 발버둥 쳐봐야 한계를 맞이할 수밖에 없는 인간이, 영원한 자연 앞에서 그와 닮아 가기를 바라는 마음. 그게 안 된다면 각박하고 비정한 현실을 벗어나 원래 그랬던 것처럼 산속에서 작은 새처럼 살아가고 싶은 마음. 먼 것을 그리워하는 마음. 하지만 다 속절없는 일. 아름답고도 슬픈 시.

어김없이 돌아오는 봄이지만 이미 예전의 봄이 아니에요. 봄이 와도 그 사람은 오지 않으니까요.

껍데기는 가라

신동엽 시집 『누가 하늘을 보았다 하는가』

　신동엽은 4·19혁명의 시인입니다. 4·19혁명의 본질을 누구보다 명확하게 형상화했기 때문입니다. 그는 장편서사시 〈금강〉에서 동학농민전쟁을 그렸는데, 구체제와 외세에 항거하는 민중이 역사를 움직이는 주역이라는 인식을 보여 주죠. 그 민중의 힘이 갑오년을 거쳐 3·1운동으로 이어지고 그것이 다시 4·19혁명의 원동력이 되었다는 것을 〈금강〉에서 극적으로 웅변합니다. 어떤 진실을 설파하더라도 이론이나 학설과 달리 문학 작품은 거기에 실감을 부여하지요. 동학 인물들의 구체적인 말과 행동이 작품 안에서 역사적 진실을 재구성하니까요. 그리스 철학자 아리스토텔레스가 『시학』에서 얘기했던가요. 역사는 있었던 일을 말하지만 시는 있을 만한 일을 그리므로 더 철학적이라고. 작품 속에서 펼쳐지는 사건과 그 속에서 분투하는 인물의 실상은 작품을 읽을 때마다 현재진행형이고 아직 다가오지 않은 미래조차 인간의 상상과 의지를 통해 사유하게 하는 힘이 있습니다.

　시인은 〈금강〉에서 최시형, 전봉준, 김개남 등 동학 지도자들의 행적을 그리며 허구의 인물인 신하늬를 창조해요. 동학 농민군이 우금치에서 관군과 일본군의 막강한 화력에 쓰러지고 지도자들이 무참히 효수된 뒤에, 신하늬를 통해 그 사건을 돌아보게 하고 동학농민전쟁의 정신이 후대까지 활활 타오를 것을 예언하죠. 신하늬는 신동엽의 페르소나이자 아바타인 셈입니다. 그러고 보니 불국사에 석가탑을 만든 백제 예술가 아사달도 시인이 자신의 예술관을 이입한 인물입니다. 1963년에 낸 그의 첫 개인 시집 제목이 『아사녀』이기도 하지요. 대학에서 역사학을 전공했던 신동엽은 부여 사람인데요, 백제의 마지막 도읍에서 태어나고 자란 그는 찬란했던 나라가 왜 멸망했는지, 그 땅에서 벌어진 동학농민전쟁에서 왜 민중이 역사의 비극을 떠안아야 했는지 성찰합니다. 그리고 그 역사의 현장을 직접 답사하고 그 자각을 작품으로 살려 내려 했습니다.

신하늬와 아사달의 모습에서도 감지되지만 시인으로서 그는 자긍심이 높은 사람이었어요. 생계를 잇기 위해 교사가 되려 했고, 학교로 교장을 찾아가 자신의 시가 담긴 스크랩북을 펼쳐 보입니다. 이 시가 바로 저예요, 하는 존재 증명이었던 거죠. 그는 명성여고 야간부 국어교사가 되어 문학을 가르치며 왕성한 시작 활동을 합니다. 현실의 문제를 고발하고 미래를 전망하는 힘 있는 시를 써요. 시와 사람이 꼭 일치하는 것은 아니지만, 그의 시를 읽으면 그의 목소리를 듣는 듯한 착각이 듭니다. 그의 어떤 시들은 좀 관념적이지만 그것조차 그의 몸을 통과해 나온 것처럼 느껴져요. 특히 4월이라면 그 육성이 더욱 맑고도 강렬하게 울립니다.

　당장 시를 읽고 싶으시겠지만 좀 참으세요. 먼저 시집 발행 연도를 살펴볼까요? 시선집 『누가 하늘을 보았다 하는가』는 1979년 3월에 창작과비평사에서 발행되었네요. 편집 후기에, 이 시집이 시인의 10주기에 맞춰졌다고 했습니다. 그의 시를 널리 알리기 위해 여러 작품을 선집으로 묶었다는 점을 밝히며, 4년 전 같은 출판사에서 낸 『신동엽 전집』으로 겪은 고초를 암시하고 있어요. 네, 그래요. 선집이 나온 시점도 박정희 정권이 몰락하기 직전 서슬 퍼런 군사독재 시기니까요. 그 전에 간행된 『신동엽 전집』이 이미 긴급조치 위반 혐의로 판매가 금지되었어요. 냉전체제를 비판한 학자 리영희가 반공법으로 구속되기도 했고, 그의 책을 낸 창작과비평사가 등록을 취소당할 위기에 처해 있었습니다. 그러니 출판사를 겨우 유지하며 선집을 내는 시점에 조심스러울 수밖에 없었겠죠. "기피 대상"이 된 신동엽이 "정치의식이나 사회의식만 가지고 있던 '목청 높고 앙상한' 시인"이 아닌 "감성의 시인"이며 풍부한 이미지를 창조하는 "능숙한 시인"이라는 점을 강조하는, 지금 보면 괴이쩍은 변호를 후기에 덧붙이게 된 것도 그런 사정과 관계됐을 겁니다.

　그 말대로 신동엽의 〈산에 언덕에〉를 읽어 보면 과연 감성이 움직여요. 역사 속 폭거에 쓰러진 '그'를 떠올리는 이 시를, 봄날 문득 읊조릴 때 울컥 하는 기분이 느껴져요. "그리운 그의 얼굴 다시 찾을 수 없어도 / 화사한 그의 꽃 / 산에 언덕에 피어날지어이." 특히 3행 "피어날지어이"는 말인가요, 노래인가요, 영혼의 숨결인가요. 이 독특한 어미를 이전 다른 시에서 보기 힘든데, 그 길게 끄는 듯한, 소멸하는 듯한, 그러다 되살아나는 듯한 숨결이 귓가에 맴돕니다. 하지만 또 어디에선가 갑자기 이런 소리도 들려와요. 울음을 꿀꺽 삼키게 하고 저절로 주먹을 부르쥐게 하는 목소리. 한 시인의 육성이면서 이번에는 정신을 뒤흔들어, 흐릿한 눈을 번쩍 뜨게 하는 천둥 같은 외침이에요.

그리하여, 다시
껍데기는 가라.
이곳에선, 두 가슴과 그곳까지 내논
아사달과 아사녀가
중립의 초례청 앞에 서서
부끄럼 빛내며
맞절할지니

껍데기는 가라.
한라에서 백두까지
향그러운 흙가슴만 남고
그, 모오든 쇠붙이는 가라.

— <껍데기는 가라> 부분

어서 너는 오너라

박두진 시의 의분과 신명

　1946년 6월 6일 을유문화사에서 발간된 『청록집』은 광복 이후 한국문학의 새로운 도약을 알린 공동시집입니다. 박목월의 시 〈청노루〉에서 나온 시집 제목 때문에 세 시인을 가리켜 청록파라고 부르는데, 그들을 사회적 이념이나 문학적 지향으로 결속된 시 동인(同人)으로 보기는 어려워요. 다만 비슷한 시기에 정지용이 주관하는 문예지 『문장』의 등단제도에 의해 역시 그가 추천 완료한 신인들이라는 공통점을 지닙니다. 그들이 시에 정치의식을 직접적으로 드러내는 데 반대했다는 점, 자연 소재를 적극적으로 사용했다는 점이 비슷하지만, 오히려 제각기 두드러진 시적 개성을 표출했다는 점에서 단일한 성격으로 묶기 힘든 시인들입니다. 공동시집 출간 이후 세 시인의 행보를 봐도 그게 더 분명해져요. 시적 지향과 더불어 각자의 삶 또한 다르게 흘러갔으니까요.

　박두진은 정련된 시를 통해 발언하는 것이 현실을 향한 시인으로서의 '행동'이라 여긴 것 같아요. 그럼에도 4·19혁명이 일어났을 때 경무대 앞 시위대 선두에서 위험을 무릅쓰고 무장 군경에 맞서 시위를 했습니다. 그때 〈우리들의 깃발을 내린 것이 아니다〉 같은 힘찬 시를 발표하기도 해요. 이후에 김지하의 담시 〈오적(五賊)〉이 용공 작품으로 몰리자 그는 그 시가 문학의 본래 사명과 책임에 충실한 작품이라는 감정서를 냅니다. 그 일 때문인지 지속적으로 안기부의 위협을 받기도 했어요. 그리고 개인적으로 영예일 수 있는 예술원 회원으로 추대됐을 때는 신군부 정권하에서 어떤 일도 하지 않겠다며 거절합니다.

박두진의 현실에 대한 의기와 전망은 사실 『청록집』의 시들에서부터 엿볼 수 있어요. 그의 시 중에 처음 순서로 나온 〈향현(香峴)〉을 아시나요? 예전에 제가 이 시를 읽었을 때 시를 휩싸는 분노의 감정이 좀 돌연하다고 느꼈습니다. "산이여! 장차 너희 솟아난 봉우리에, 엎드린 마루에, 확 확 치밀어 오를 화염을 내 기다려도 좋으랴?"에서 그 "화염"이 어디서 촉발된 건지 의문스러웠어요. 그리고 향현이 고개 이름 같긴 한데 실제로 어디인지 알 수 없었습니다. 2018년에 시인의 고향인 안성에 박두진문학관이 생겼을 때 거기 가서 제가 해설사에게 향현이 어디냐고 물은 적이 있어요. 그는 분명히 안성 어느 고개 이름인 건 맞는데 어디인지는 모른다고 답변했습니다.

향현은 서울 갈현동에서 경기도 고양 향동으로 넘어가는 고개입니다. 조선 시대에 서오릉으로 넘어가는 큰 고개는 아무 때나 일반인이 통행할 수 없어 그 옆에 산길로 낸 좁은 고개입니다. 향고개라고도 했죠. 시인은 일제 강점기에 그 고개에서 한강 너머 남쪽으로 솟은 산을 바라보았습니다. 그 산에 둘러쳐진 남한산성을 생각하니 외침에 번번이 굴욕을 당한 역사가 떠오르며 분노가 치밀었습니다. 그 분노가 현실에 대한 변혁의 갈구로 이어지고, 시의 말미 "핏내를 잊은 여우 이리 등속이 사슴 토끼와 더불어 싸릿순 칡순을 찾아 함께 즐거이 뛰는 날을 믿고 길이 기다려도 좋으랴?"라는 평화로운 세상의 전망으로 맺어진 것이죠.

　제가 갈현동 서북병원 뒷길로 향고개에 올라 보니 아무것도 안 보였어요. 숲이 훨씬 더 우거진 탓이겠죠. 산길을 따라 더 걸어가서 보니 아무래도 한강 너머 멀리 솟은 산은 관악산이에요. 다른 글에서도 이미 밝혀졌지만 시인이 관악산을 남한산성이 있는 하남의 청량산으로 오인한 겁니다. 그 산을 더 가까이에서 확인하려고 『청록집』의 두 번째 작품 〈묘지송(墓地頌)〉의 현장이라 할 수 있는 양화진 외국인 선교사 묘원에 갔어요(여기도 가서야 알았지요, 죽음을 다룬 〈묘지송〉의 분위기가 왜 그토록 따뜻하고 푸근하게 그려진 건지). 그 부근에서 보면 관악산의 우뚝 솟은 모습이 한층 뚜렷합니다. 만일 시인의 그런 오인이 없었다면 이 시가 쓰이지 않았을지도 모르니 재밌는 일입니다. 시는 시인 혼자 쓰는 게 아닌가 봐요.

　『청록집』에서 박두진의 가장 중요한 시는 〈어서 너는 오너라〉가 아닐까요? 시집의 다른 시인들 작품과 달리 박두진 시편의 절반 이상이 산문시인데, 이 시는 산문시의 리듬을 독창적으로 박진감 있게 구사한 작품이에요.

눈물과 피와 푸른빛 깃발을 날리며 너는 오너라. …… 비둘기와, 꽃다발과 푸른빛 깃발을 날리며 너는 오너라……

복사꽃 피고, 살구꽃 피는 곳 너와 나와 뛰놀며 자란 푸른 보리밭에 남풍은 불고 젖빛 구름 보오얀 구름 속에 종달새는 운다. 기름진 냉이꽃 향기로운 언덕, 여기 푸른 잔디 밭에 누워서 철이야 너는 너는 닐 닐 닐 가락 맞춰 풀피리나 불고 나는 나는 두둥싯 두둥실 붕새춤 추며 막쇠와 돌이와, 복술이랑 함께 우리, 우리 옛날을 옛날을, 뒹굴어보자.

이 시는 광복 전 암울한 시대에 쓰인 것으로 미래에 대한 비전을 밝힌 작품입니다. 위 부분은 시의 마지막 두 연인데요, 앞에 네 연에 걸쳐 시적 자아가 새로운 나날의 도래를 온갖 봄꽃의 개화로 증명하면서, 아직 돌아오지 못한 친구 철이를 간절히 부르고 있어요. 열기와 긴박감을 드높이는, 끊이지 않을 것 같은 긴 문장에 반복·열거되는 언어들로 신명이 더해지고 있어요. 열망과 환희가 뒤엉켜 춤을 추는 듯한 시행에서 쉼표들이 그 율동을 조장하다 못해 들썩이며 울먹댑니다. 쉼

표도 저도 눈물범벅이에요. 시인이 염원하는 공동체의 회복이 상징적인 장면으로 표현되었는데, 그 향기로운 원형적 시공간에서의 벅찬 감동이 가시지 않으면서, 여전히 분단된 땅에 살고 있는 우리가 간절히, 기다리는 것이 무엇일까 돌아보게 됩니다.

자랑처럼
풀이 무성할 게외다

윤동주 시집 『하늘과 바람과 별과 시』

"-만 이십사 년 일 개월을 / 무슨 기쁨을 바라 살아왔는가"

1942년 윤동주가 쓴 시 〈참회록〉의 일부입니다. 스물네 살은 적지도 많지도 않은 나이 아닌가요? 대학생이든 군인이든 직장인이든 한창 좋을 땝니다, 라고 하려다 생각해 보면 그건 그때를 지나온 사람의 시선에서 쉽게 나온 말이에요. 한창 좋을 때란 건 누구든 각자가 규정할 수 있을 뿐입니다. 청춘을 비교적 순탄히 건너온 제 입장에서 이 시를 보자면, 어쩌다 이런 소회를 하게 됐나 딱하단 맘이 먼저 들어요. 다만 그가 가진 고민이 깊었다는 걸 느낄 수 있는데, 그것이 그가 유학을 가기 위해 창씨개명을 해야 할 상황과 연관되었다는 게 밝혀졌지요.

그가 문학을 하는 데 절대 반대했던 아버지에겐 장남이 제국대학을 나와 출세하기를 바라고 보내려는 일본 유학이었습니다. 오로지 간절하게 시인으로 살길 바라던 윤동주가 자신에 대한 집안의 기대를 저버리고는 번민에 휩싸일 수밖에 없었겠죠. 〈참회록〉 원고 여백에 한자로 쓴, '시인의 고백', '도항증명', '상급', '힘', '생(生)', '생존', '생활', '문학', '시란?', '부지도(不知道)', '고경(古鏡)', '비애', '금물(禁物)'이라는 낙서는 그 고민의 내용을 가늠케 합니다.

이미 신춘문예로 등단하고 독립운동에 투신하기도 했던 고종사촌 송몽규와 나란히 일본 최고 명문인 교토 제국대학에 응시했다 윤동주만 떨어지고 나서, 그가 혼자 도쿄의 릿쿄 대학을 거쳐 교토의 도시샤 대학에 편입한 것은 시를 향한 갈망이 선택한 행로였습니다. 도시샤 대학 영문과는 그가 좋아했던 시인 정지용이 나온 곳이기도 해요. 1948년 정음사에서 낸 유고시집에 서문을 쓴 사람도 정지용이에요.

> 무시무시한 고독에서 죽었고나! 29세가 되도록 시를 발표하여 본 적도 없이!
> 일제시대에 날뛰던 부일문사(附日文士) 놈들의 글이 다시 보아 침을 뱉을 것뿐이나, 무명(無名) 윤동주가 부끄럽지 않고 슬프고 아름답기 한(限)이 없는 시를 남기지 않았나?

윤동주는 등단한 적이 없고 이름 있는 문예지에 작품을 발표한 적도 없습니다. 정작 그의 얼굴도 모르던 정지용이 서문을 써 주었으나, 그가 볼 때 윤동주는 순전히 무명 시인이었죠. 하지만 윤동주는 시인으로서의 천명을 잊은 적이 없어요. 연희전문학교 졸업을 앞둔 1941년에 자신의 시집을 내려 했습니다. 19편의 시를 원고지에 정갈히 쓰고 세 부를 손수 제본한 뒤 이양하 교수와 후배 정병욱에게 주었어요. 문단과 출판계에 발이 넓은 이양하가 시국이 어려우니 시집 발간을 보류하라 조언하지만 윤동주는 자비로라도 시집을 내려 했습니다. 출간 비용을 끝내 마련하지 못했는데요. 송우혜가 쓴 『윤동주 평전』에는 동생 윤혜원의 증언으로 그가 그때 얼마나 낙심했는지 드러나 있어요. "삼백 원만 있으면 출판할 수 있는데… 삼백 원만 있으면 되는데…"라고 윤동주가 거듭 혼잣말을 하며 안타까워했다지요.

시집은 못 내고 그때 그 세 부의 원고 가운데 한 부만 남게 됐어요. 정병욱이 징병에 끌려가기 전 고향 광양에 있는 어머니에게 원고를 맡기며 잘 보관하라 부탁했죠. 윤동주와 자신이 다 죽어 돌아오지 못하더라도 광복이 되면 윤동주의 시를 세상에 알려 달라는 유언도 덧붙여요. 어머니는 그것을 명주로 싸서 장롱 깊이 숨겨 두었고, 정병욱이 살아 돌아와 원고를 유족에게 전해요. 유족과 친구 강처중이 지니고 있던 다른 작품까지 모여 1948년에서야 우리가 아는 시집 『하늘과 바람과 별과 시』가 빛을 보았습니다.

시집은 3부로 구성되었는데 1부는 윤동주가 생전에 시집으로 엮으려 했던 19편의 배열 순서와 일치합니다. 그 19번째 작품이 〈별 헤는 밤〉이에요. 밤하늘의 낭만적인 분위기가 후반부로 넘어가며 존재를 부끄러워하는 화자의 행위로 이어지다 결연한 어조로 맺어지는 이 시는, 과연 젊은 날의 시입니다. 밤하늘에 별을 다 세지 못해도 아쉬울 것 없는 시절, 별만큼 아득한 미래에 아찔해지는 청춘을 다 보내지 못하고 그가 떠났지만요.

    나는 무엇인지 그리워
    이 많은 별빛이 내린 언덕 위에
    내 이름자를 써 보고,
    흙으로 덮어버리었습니다.

    딴은 밤을 세워 우는 벌레는
    부끄러운 이름을 슬퍼하는 까닭입니다.

    그러나 겨울이 지나고 나의 별에도 봄이 오면
    무덤 위에 파란 잔디가 피어나듯이
    내 이름자 묻힌 언덕 위에도
    자랑처럼 풀이 무성할 게외다.

 아주 작은 실수도 부끄러워하고 아주 작은 생명에까지 애틋하게 마음을 쓰는 이라면, 누가 알아주든 말든 시심(詩心)을 소중하게 간직하는 이라면, 그는 순결한 시인입니다. 그가 청춘의 이름을 쓰고 덮어 버린 언덕에, 뙤약볕이 내리쬐고 낙엽이 지고 눈이 내리고 또다시 풀이 무성할까요, 그의 바람처럼?

아픈 몸이
아프지 않을 때까지

김수영의 '온몸'

 김수영은 뜨거운 시인입니다. 그의 시 대부분이 높은 열도를 띠고 있습니다. 시를 읽는 사람 가슴도 더워지는데, 성량과 옥타브를 낮춘 시에서조차 불길이 느껴져요. 그것은 그가 한이 많고 열망이 큰 사람이기 때문일 겁니다. 일제 강점기와 전쟁, 혁명을 거친 동시대 사람들이 엇비슷하게 힘든 삶을 살았지만, 그는 시인으로서 각별한 고초를 겪었습니다.
 1921년 서울 종로2가에서 태어난 김수영은 우리말이 아닌 일본어로 생각하고 쓰는 것이 자연스러운 유년기와 청년기를 보냈습니다. 해방 후에는 영어를 일어보다 능숙하게 구사하게 되는 언어생활의 변이를 겪지요. 1946년의 등단작인 〈묘정의 노래〉나 다른 초기시에 우리말 표현이 몹시 어색하게 느껴지는 것이 그런 연유이기도 합니다. 게다가 창작 시기 순으로 작품이 실린 1981년판 『김수영 전집』을 보면 앞의 시 대부분이 한자로 표기되어 있어요.[그의 대표작이자 마지막 작품인 〈풀〉(1968년)에 한자가 하나도 없다는 게 얼마나 다행인지요!] 〈아메리카 타임지〉라는 시에 지금은 쓰지 않는 "瓦斯(와

사, gas의 음차)" 같은 일본식 한자어가 엿보이기까지 합니다.

비로소 우리말을 마음 놓고 사용하게 될 때부터는 사상 표출의 통제를 받았지요. 사회주의 의식을 드러내는 게 문제가 될 뿐만 아니라 '빨갱이'로 의심받을 만한 어떠한 말도 함부로 꺼낼 분위기가 아니었습니다. 무의식중에라도 불온한 말을 내뱉을까 봐 부지런히 자기검열을 작동해야 하는 험악한 반공주의의 시대였으니까요. 6·25전쟁이 발발한 뒤 북에서 내려온, 평소 존경하던 옆 동네(종로구 동숭동) 선배 임화의 조선문학가동맹 사무실에서 일을 돕고, 의용군에 징집돼 1개월간 평양 근처에서 훈련을 받았으며, 부산과 거제도 등의 인민군 포로수용소에 25개월 동안 갇히기도 했던 김수영이 휴전 뒤 남쪽에 사는 내내 레드 콤플렉스의 폐해에 얼마나 시달렸을지 짐작이 갑니다.

그럼에도 그는 진실을 밝히면서 불의에 대항하는 태도를 굽히지 않았어요. 4·19혁명으로 잠시 언론 자유의 훈풍이 불 때 현실을 고발하는 시 〈김일성 만세〉를 발표하려 했습니다. 결국 잡지사 두 군데에서 거절을 당하고 분노했지만, 이를 통해 그가 얼마나 표현의 자유에 목말라 했으며 그것을 억누르는 현실에 용감히 맞서려 했는지 알 수 있습니다. "'김일성 만세' / 한국의 언론 자유의 출발은 이것을 / 인정하는 데 있는데" 이를 거부하는 장면과 조지훈(정치계와 문단의 실력자)뿐만 아니라 김일성(어마무시한 그 금기의 이름)이라는 실명을 들어 현실을 비판하는 목소리에서, 그의 결기와 함께 그간 짓눌려 왔던 억압의 무게 또한 실감할 수 있어요.

특히 분단과 전쟁은 그에게 커다란 상처를 남겼습니다. 전장에서 탈출하다 그 자신도 죽을 고비를 여러 번 넘기지만, 이미 많은 사람이 사라지고 국토는 폐허가 되었으니까요. 자기보다 앞서가던 친구들은 이념을 따라 북으로 넘어가고, 아끼던 친동생마저 전쟁 중 행방불명이 된 상황에, 전쟁 직전 서울 돈암동에 신혼살림을 차렸던 아내마저 그가 죽은 줄 알고 다른 삶을 살고 있었으니까요. 4·19혁명을 통해 그가 새로운 의식을 가진 시인으로 태어났다고 보기 전에, 그의 전쟁 체험이 자유를 가능케 하는 민주주의의 열망을 이미 배태시켰다고 하는 편이 맞을지 모릅니다. 그 열망을 지니고서, 당시 실패로까지 보이는 4·19혁명 이후의 절망적인 상황, 심각하게 병든 현실을 온몸으로 끌고 가려 했으니까요.

그는 아픕니다. 그 아픔이 너무 깊어 어디에서 온 줄 몰라요. "먼 곳에서부터 / 먼 곳으로 / 다시 몸이 아프다"고 "나도 모르는 사이에 / 내 몸이 아프다"(〈먼 곳에서부터〉)고, 시대의 아픔을 고요히 고백하면서도, 그 아픔을 끌어안고 "가자!"라고 뜨겁게 외칩니다.

아픈 몸이
아프지 않을 때까지 가자
골목을 돌아서
베레모는 썼지만
또 골목을 돌아서
신이 찢어지고
온몸에서 피는
빠르지도 더디지도 않게 흐르는데
또 골목을 돌아서
추위에 온몸이
돌같이 감각을 잃어도
또 골목을 돌아서

아픔이
아프지 않을 때는
그 무수한 골목이 없어질 때

(…)

아픈 몸이
아프지 않을 때까지 가자
온갖 식구와 온갖 친구와
온갖 적(敵)들과 함께
적들의 적들과 함께
무한한 연습과 함께

— <아픈 몸이> 부분

위 시에 의하면 결국 가는 것이 아픔을 치료하는 길입니다. 뒤집어 말해 그동안 가지 않았기 때문에 아팠던 거예요. 그렇다면 어디로 가야 하는 걸까요?

이 시를 끊임없는 자기 갱신의 분투로 볼 수 있지만, 저는 분단문학으로서의 탈분단 시도로 읽고 싶습니다. 분단된 땅에 사는 사람은 마음도 분단되어 있어요. 지뢰 묻힌 분계선이 우리 일상 속에 걸쳐 있어서 곳곳에 강요된 금기와 대립, 혐오가 들끓어요. 두 팔 벌려 끌어안아도 될 상대를 적으로 돌린 채 자신도 상대의 적이 되어 그저 다투는 데 온 힘 쓰기 위해 웅크린 몸을 이제는 움직여야 합니다. 낡은 이념적 대치 구조를 해체하고 상처 입어 날 선 서로의 분열된 마음을 커다랗게 융화하는 길로 묵묵히 걸어가는 것을, 김수영이 지향하는 '온몸'이라고 받아들인다면 어떨까요.

나는 바퀴를 보면
굴리고 싶어진다

변화와 정진으로서의 황동규

　황동규의 시는 가볍습니다. 고독과 불안을 토로할 때, 거대한 불의를 비판할 때 죽음에 관해 노래할 때조차 경쾌해요. 특유의 유머러스한 어조나 일상적 사건에 대한 구체화, 창작의 계기나 시의 소재로도 빈번한 여행 체험의 표현이 어우러지기 때문일까요?

　사실 황동규의 모든 시가 그런 건 아닙니다. 1958년 서정주의 추천으로 『현대문학』에 등단한 뒤 발표한 작품은 실존주의나 모더니즘의 안개가 밴 관념적인 시였어요. 그가 고등학교 3학년 때 쓴 것으로, 잘 알려진 〈즐거운 편지〉도 일반적인 연애시라기엔 좀 사념적이니 애당초 시가 진지하고 무거운 편이었죠. 그런 그의 시가 한없이 가벼워진 건, 1978년에 문학과지성사 시집 시리즈 1권으로 나온 『나는 바퀴를 보면 굴리고 싶어진다』에서부터예요.

　　　버스 정류장 옆에 그 소년이 없다
　　　목발 짚고

일간스포츠 곁에 붙어 서 있던 아이
대신 가죽잠바를 입은 사내가 앉아 있다

없으면 없을수록 마음 가볍지
난 예수가 아냐
로마 병정도 아니고
예루살렘 대학에서
아랍어를 가르치고
별들이 무사한 것을 보고
행복하지 않고
불행하지도 않고

내가 만만하게 차서 발이 아플
돌멩이는 없었어

— <지붕에 오르기> 부분

  화자는 출근길에 늘 보던 소년이 없는 걸 압니다. 정류장 매대에서 불편한 몸으로 신문을 팔던 소년에게 연민을 느껴 온 것 같아요. 그런 소년의 부재에 짐짓 "없으면 없을수록 마음 가볍지"라며, 자신이 인류를 구원하는 예수가 아니고 그 예수를 매다는 로마 병정도 아니며 아주 멀리 있는 별들의 무사에 행복을 거는 학자 또한 아니라면서, 남의 불행을 무겁게 마음 두지 않는 자신의 '가벼움'을 변호하고 있습니다. 그런데 뜬금없이 예수나 병정, 아랍어 교수를 들먹이고 오히려 반대로 말한 듯한, 돌멩이를 찬 발의 아픔까지 중얼대는 건, 그가 그 소년에 몹시 마음 쓰고 있거나 현실에서 수없이 벌어지는 참상에 고통스러워하고 있다는 사실을 반증해요. 화자가 집에 돌아와 수리한 마루를 확인하고도 마음의 삐걱거림을 여태 느끼는 건, 그 고통이 심부에 남아 있기 때문이겠죠. 그는 남은 목재로 만든 "내 가벼운 무게도 모르고 마구" 떠는 사다리를 타고 처음으로 지붕에 올라갑니다. 거기서 발견하는 건, 산동네 아래로 펼쳐진 저마다 발버둥 치며 살아가는 다른 지붕들, 그리고 어디선가 날아와 손에 잡힌 낙엽 한 장. "신경이 모두 보이는 이 밝음, / 공포, 생살의 비침, 이 가을 한 저녁"으로 맺히는 마지막 연에는, 자신이 가볍게 지나치려 했지만 그만 목격하고 마는 삶의 처절한 실상이 압축적으로 환기됩니다.

 그런 점에서 그의 가벼움이 결코 현실을 외면해서 생긴 것이 아니에요. 오히려 끝없이 현실을 의식하면서 자아와 세계와의 팽팽한 긴장을 유지하는 가운데 획득된 것이라 할 수 있어요. 시집 해설에 평론가 김현이 그를 "방법론적 긴장의 시인"이라고 규정하면서 "긴장된 자기를 확인하기 위해 긴장하지 않은 자기를 회의하고 비판하고, 긴장하지 않은 자기를 버리기 위해 긴장된 자기를 일깨운다"고 하였습니다. 그 긴장의 원리를 더 높은 차원에서 제어하는 것이 그의 가벼움이에요. 대립과 갈등을 통해 빚은 긴장을 한순간에 또 다른 '환한' 깨달음으로 이끌거나, 극적인 변화의 한 장면을 그려 내기 위해 혼잣말하듯 자유롭게 시의 행로를 풀어 가는 과정에서 그 가벼움은 정신의 도약을 촉발해요. 그런데 그 정신은 탈속이나 득도를 지향하지 않고 오히려 구차한 일상 속에 "뜨거운 배를 대고"(〈악어를 조심하라고?〉) 기어이 기어가는 악어의 끈기를 닮았습니다. 어쩌면 해골 물을 마시고 돌아와 누더기로 길거리를 헤매다 "멈칫하는"(〈견딜 수 없이 가벼운 존재들〉) 원효의 뒷모습이 거기 비치는지도.

  팔순을 훌쩍 넘긴 황동규 시인은 꼬박꼬박 운동을 하고 선 그어진 잔에 위스키를 마시고 수첩에 메모를 하고 또 시를 씁니다. 그러니 수행에 가까운 세속 여행을 통해 〈풍장(風葬)〉 연작이라는 한 정점을 넘어 맹렬히 굴러갈 것이라는 것을, 어쩌면 자갈을 튕기며 끝없이 굴러가는 것만이 시인의 일이라는 것을 이 시가 예언하고 있었던가요.

       나는 바퀴를 보면 굴리고 싶어진다
       자전거 유모차 리어카의 바퀴
       마차의 바퀴
       굴러가는 바퀴도 굴리고 싶어진다
       가쁜 언덕길을 오를 때
       자동차 바퀴도 굴리고 싶어진다

       길 속의 모든 것이 안 보이고
       보인다, 망가뜨리고 싶은 어린 날도 안 보이고

보이고, 서로 다른 새떼 지저귀던 앞뒷숲이

보이고 안 보인다, 숨찬 공화국이 안 보이고

보인다, 굴리고 싶어진다, 노점에 쌓여 있는 귤,

옹기점에 엎어져 있는 항아리, 둥그렇게 누워 있는 사람들,

모든 것 떨어지기 전에 한번 나는 길 위로.

- <나는 바퀴를 보면 굴리고 싶어진다> 부분

무인도를 위하여

신대철 시인의 '산'

1977년 문학과지성사에서 출간된 『무인도를 위하여』를 읽었습니다. 산에 대해 이렇게 잘 아는 시인이 있을까요? 온갖 풀과 꽃, 나무와 동물이 등장할뿐더러 산에 살아보지 않으면 알 수 없는 장면과 느낌과 생각까지 시에 나타나 있어요.

바람이 가진 힘은 모두 풀어내어
개울물 속에서 물방울이 되게 바람을 적시는 비

- <오래 기다리면 오래 기다릴수록> 부분

소년들이 모이는 밤은 보름달이 물가 청머루 덩굴숲 속에서 기다립니다

- <칠갑산 1> 부분

산속엔 집이 한 채. 비어 있다. 창가엔 칡덩굴이 잡나무들 휘어감고 올라와 기웃, 기웃거리다 나와 마주칠 때마다 꽃 하나씩을 피어낸다

- <산사람 2> 부분

저같이 도시에서 나고 자란 사람이 도무지 따라갈 수 없는 '자연의 말들'이 시집 도처에 자연스럽게 표현돼 있어요. 그것은 모두 일상적 체험을 통해 육화된 것이고 시인의 섬세한 감각으로 빚어진 것이지요. 신대철 시인은 칠갑산에서 자라고 젊은 시절 거기서 화전민 생활을 하기도 했습니다. 그가 아는 새와 벌레와 나무와 안개는 의식적으로 공부해서 배운 게 아니라 산에서 생존하기 위해 알게 된 것이죠. 그런 그에게 산은 삶의 터전이면서 실존의 공간, 시의 현장, 현실 사회를 비추는 처소였습니다. "세상에 산 아닌 것은 무엇인가?"(〈혼을 빼앗기면〉)란 시행도 그러한 산의 의미를 슬며시 대변하는 것이 아닐지요. 시인은 대학을 마저 다니면서 산 생활에 벗어나 있다 군대에서 다시 산으로 돌아왔습니다. 강원도 최전방 GP장을 하면서 긴장되고 고립된 상황 속에서 다시 산을 마주하게 됩니다.

    암호 속에 숨어 사람을 맞이합니다
    사람이 오는 쪽으로 총구를 돌립니다
                             - 〈X〉 부분

    낡은 지뢰탐지기를 선두로
    도로정찰조가 돌아온다.
    조금 비 갠 날,
    모래들은 산 밑에 하얗게 씻겨 있다. 강물굽이를 돌

아나온 놀란 물새떼, 안개를 강가로 몰며 하나씩 안개
속으로 사라진다.

- <우리들의 땅> 부분

『무인도를 위하여』에 실린, 얼핏 이질적으로 뵈는 위 시는 북한군 진지를 바로 눈앞에 두고 쓰인 분단문학 작품입니다. 여태까지 평론가들이 같은 시집의 다른 작품들을 위의 두 시와 철저하게 분리해서 읽었어요. 산 소재 시를 현실과 동떨어진 순수 서정시로만 바라보았던 거죠. 우선, 시집 표제시이기도 한 〈무인도를 위하여〉를 비롯한 여러 바다 소재 시가 산 소재 시와 뚜렷이 대비되는데, 그 또한 자연의 공간, 사물과 연관되면서 실존과 문명의 문제에 직면해 있다는 점에서 그들은 서로 짝을 이룹니다. 그리고 분단의 문제를 이토록 참신하고도 심도 깊게 형상화했다는 점에서 1960~70년대에 쓰였다는 게 믿기지 않는 두 시, 〈X〉와 〈우리들의 땅〉 또한 시집의 다수를 차지하는 산 소재 시와 데칼코마니처럼 대응합니다.

신대철 시인이 군대에 간 1968년, 김신조 일당의 청와대 습격 시도 사건(1·21사건)이 터지고(남한도 김일성에 복수하기 위해 실미도에 684부대를 만들어요), 미국 정보함 푸에블로호가 북한에 끌려가는 일이 벌어지면서 전방의 상황이 상상할 수 없이 삼엄해집니다. 가까스로 전쟁이 터지지 않았지만 그 후 군비가 강화되며 예비군이 창설되고 간첩 색출을 위해 주민등록 제도가 생기는 등 전국이 병참 기지화되지요. 최전방에서의 사선을 넘나드는 생활. 지뢰가 매설된 지대를 누비며 전투에 대비해 부비트랩을 점검하며 퇴각로를 개척하는 일상. 나중에 시인이 밝혔지만 그는 때때로 북파공작원을 분계선 너머로 넘겨 주는 임무를 수행하며 엄청난 고통을 겪기도 해요. 누군가를 죽이거나 그 자신이 죽게 될 게 뻔한 공작원을 인도하며 인간적 고뇌에 휩싸이는 한편 민족 분단과 갈등에 스스로 일조하고 있다는 역사적 고뇌에 맞닥뜨립니다. 그런 참담한 시간 속에서 시인에게 칠갑산에서의 산 체험이 맑고 따뜻한 추억으로 되살아나기도 했어요. 그렇게 그의 산 소재 시에는 분단 상황에 대한 사유와 함께 인간 실존에 대한 질문이, 자연과 대비되는 현실 사회에 대한 비판과 이어져 있습니다.

『무인도를 위하여』에 나타난 산을 전통 서정시의 자연과 연관 지을 수 있지만 당대 현실과 좀 더 맞대어 볼 필요가 있어요. 특히 분단 상황의 자장 안에서 새롭게 읽는다면 이 시집과 그 이후 펴낸 시집들이 이룬 성취를 문학사적으로 정당하게 평가할 수 있는 계기가 될 것입니다. 우리가 평소 실감하는 것과 달리, 세계가 주목하는 문제가 동아시아의 평화 정착과 직결된 한민족의 분단 현실이라면, 아마 분단문학이야말로 세계성을 지닌 보편적이면서 특수한 문학 주제일 것입니다. 그런 의미에서 우리나라 두 번째 노벨문학상 수상자도 분단문학을 다룬 사람이지 않을까요? 고삭 노벨상에 기댈 건 아니지만, 그리고 분단의 갈등을 해결하지 않는 이상 여기서 파생하는 온갖 난제들, 우리조차 둔감해진 이 땅의 고통에서 우리가 헤어나오기 어렵지만.

　　무사하라, 발목이 떨어져 지뢰밭에 뒹굴던 얼굴들
　　몇 푼의 휴가비를 만지작거리며 혹은 흔들던 얼굴들
　　맞출 수 없어 흩어진 사진 조각들, 편지 글귀들
　　죽어서 지뢰 표지판 하날 남긴 사람들
　　죽어서 오래오래 잠들 수 있고 오래오래 무사한 사람들

　　(…)

　　산길 도처에 조명지뢰를 설치하며 클레이모어 위치를 확인하는 사이 우리들은 어느새 군인이 되어 있다, 완전한
　　하루가 가고
　　갈라진 땅에서 또 하루
　　스스로 갈라진 군대로 만나는 우리들, 한국인들.
　　　　　　　　　　　　　　　－ <우리들의 땅> 부분

냉기가 향기롭다

지금의 맨 처음

친지의 집들이에서 돌아오다 어릴 적 살던 동네를 지났다. 거짓말같이 동네가 통째로 사라지고 아파트 숲이 들어선 곳. 성당과 수녀원만큼은 그 자리에 있는데, 눈에 익은 골목을 들어서니 동네 한 부분이 고스란히 남아 있었다. 친구가 살던 한옥, 초등학교 내내 다녔던 체육관, 한밤중에 앉아 고민을 털어놓던 계단. 걷고 달리던 그 골목을 따라가다 불현듯 눈시울이 뜨거워졌다.

올봄에 두꺼운 책 한 권을 받았다. 창작과 연구로 왕성한 활동을 하는 분께서 보내 주신 책. 한국 현대문학의 출발에 대해 설파한 대목에 눈길이 갔다. 한국문학의 탈식민성에 대해 논할 때 접두어 '탈(脫, post)'은 벗어남이기도 하지만 연속성이기도 하다는 것, 결국 그 말, 그 논의에 너무 얽매이는 순간 문학 연구의 주체성은 그것을 발명한 서구의 관점에 의해 알게 모르게 손상되기도 하는데, 그보다는 새로운 문학을 가능케 했던, 춘원 이광수 이전 우리 선구자들의 목소리에 좀 더 귀 기울여야 한다는 것이 대강의 내용이다.

글의 의도와 상관없이, 어떤 것의 기원을 더듬는 일에 대해 생각해 본다. 현재 당연히 여겨지거나 주류로 보이는 것이 진실과 사뭇 달라 왜곡되거나 호도된 것은 아닌지 의심이 간다면, 지금의 맨 처음으로 올라갈 수 있을 만큼 거슬러 가 보는 것이 하나의 방법이지 않을까.

프란츠 카프카의 미완성 소설 『성(城)』이 더욱 암울하게 느껴지는 건, 주인공인 측량기사 K가 자신에게 의뢰를 한 성 관리의 정체와 계획을 알지 못한 채 그 성에 도달하려 애쓰기 때문이다. 다시 말해 거듭되는 실패보다 자신의 행위에 대한 원래의 목적이나 이유에 대한 무자각이 훨씬 절망적으로 비친다.

K가 얽힌 골목을 방황한 것처럼 그날 나도 가느다란 길목을 헤매다 우연히 옛 동네에 들어선 것이다. 낯설면서도 놀라웠다. 그때의 흔적이 아직도 뜨겁게 남아 있었기 때문이다. 그때 나는 무엇을 바라보았나. 무엇 때문에 괴로워하고 무엇 때문에 가슴 벅찼던가.

지금은 잊고 있지만 어쩌면 내가 가고 있는 길이 그때의 고민과 바람에서 비롯된 건 아닐까. 모든 것에 서툴고 자신이 없던 아이. 걸핏하면 울지만 좋아하는 것은 정말 잘하고 싶었던 아이. 아직도 그때의 작은 아이가, 지금의 나를 부르고 응원하고 걱정하고 있는 건 아닐까. 어처구니없이 진지하고 허황한 꿈을 마음에 품고 있던, 지금의 맨 처음인 그 아이가.

금강산에서
만나는 사람

4월, 추웠다.

처음 가 본 한반도의 가장 높은 위도. 군사분계선을 넘어 북한 땅에서 하룻밤을 보낸 것이다.

'백두대간 금강산 시화전'이 열리는 날, 으슬으슬 어깨가 떨렸다. 북한에 미리 신고하고도 시화전 현수막을 압수당한 터라 다른 돌발 사고가 생기지 않을까 걱정됐다. 아침을 먹고 버스로 이동해 금강산 입구에 내렸다. 시화 네 점을 포개어 싼 등짐을 광목천에 엮어 짊어지고는 구룡폭포로 향했다. 좁은 산길이 시멘트로 포장돼 있었다. 밤톨만 한 자갈들을 모양 좋게 박아 놓은 길을 걷기가 미안했다. 북한 사람들이 쪼그리고 앉아 하나씩 손으로 꾸며 놓은 것이 분명하기 때문이다.

시화 스물네 점을 나누어 진 빗방울화석 시인들이 한 줄로 걸었다. 뒤에서 보니 하얀 봇짐을 멘 보부상들 같았다. 뒷모습도 들떠 보였다. 북한 땅에서 그것도 금강산에서 최초로 시화전을 연다는 기쁨에 그간의 불안과 피로를 잊은 듯이. 산길이 가팔라지며 어깨가 아파 왔다. 숨을 몰아쉬는 시인도 있었

다. 그때 시인에게 북한 안내원이 슬며시 다가갔다. 등짐을 받치고 밀어주었다. 인사를 나누려고 마주친 눈빛에서 온기가 번졌다.

옥류동계곡 바위가 햇빛을 받아 더욱 하얗게 빛났다. 담을 거치고 거쳐 흘러내리는 물은 어디서도 본 적 없는 영롱한 연녹색이었다. 물빛이 눈으로 들어와 몸속에 찰랑이는 것 같았다. 열 뜬 몸이 잔잔해지자 다시 추워졌다. 뒤에서 빠른 걸음 소리가 다가왔다. 내가 비켜 줄 새 없이 키 큰 그림자가 휙 앞질러 갔다. 각진 턱에 입술을 앙다문 남자가 뒤도 안 보고 돌길을 서둘러 올랐다.

계곡을 걷다 보니 주위 공기가 온통 울리기 시작했다. 구룡폭포에 도착한 것이다. 74미터 상단에서 떨어지는 폭포수가

장관이었다. 이름난 다른 폭포와 달리 30여 미터 떨어지다 절벽에 꺾여 쏟아지는 물줄기가 허리를 우아하게 틀어 날아오르는 선녀의 자태 같았다. 그도 그럴 것이 구룡폭 위 상팔담은 설화에서 나무꾼이 두레박을 타고 하늘에서 내려온 선녀를 만난 곳이다. 경치를 더 바라볼 새 없이 관폭정에 시화를 풀어 놓았다. 감상하기 좋게 이젤을 둘러 세워 시화를 올렸다. 시와 그림이 바위와 폭포 소리에 어울려 너울너울 춤추는 것 같았다.

뒤이어 등산객들이 올라오고 있었다. 폭포 앞에서 탄성을 지르다 카메라를 꺼냈다. 이윽고 정자에 들어와 땀을 식히며 시화를 읽었다. 북한 안내원들도 거듭해서 시화를 살펴보았다. 시인들에게 시에 대해, 백두대간 남쪽 산줄기에 대해 묻기도 했다. 시화를 앞에 두고 안내원들과 이야기꽃을 피우다 보니 어느새 한 동네 이웃처럼 친숙해져 있었다. 시를 가슴에 새긴 사람들이 하나둘 관폭정을 나섰다. 안내원들도 마저 자리를 떴다. 아까 나를 앞질러 가던 북한 사람이 관폭정에 들어섰다. 천천히 주위를 둘러보았다. 시화 앞에서 우뚝 선다. 가만히 시를 읽고 있다. 여전히 아무 말 없지만, 햇빛에 반쯤 걸친 그의 얼굴이 풀어지는 듯했다. 눈길이 먼 곳을 향한 것처럼 아득했다. 눈이 마주칠 때, 따뜻했다.

서서히 몸을 돌려 그가 관폭정을 빠져나갔다. 아까처럼 재빠르게 산길을 올라 사라져 버렸다. 우두커니 남은 시화에 그늘이 내려앉았다. 나는 그가 서 있던 자리에 가 시를 읽고, 다시 산모퉁이를 바라보았다. 백두대간 금강산을 걷는 길, 보이지 않던 산줄기에서 그의 목소리가 처음으로 들리는 것 같아서.

햇살 속에서도 덜덜 떨리는 어깨를
찬바람이 치고 가는 옥류동

등짐 지고 다리를 건너
구르는 옥빛 물소리에 휘감길 때
검은 얼굴, 앙다문 입술의 북녘 사내가
나를 획 앞질러 간다

그의 뒷모습 놓치고 허위허위
관폭정에 다다라
칭칭 싸맨 시화를 펼쳐 놓는다

서성이던 바람이 우뚝 선다
가쁜 숨 차분해지고
폭포소리에 시화 속 바위, 나무만 술렁인다

그가 다가와 시화 앞에 선다

팔짱 풀고 시구 따라
오대산 설악산 거쳐 향로봉에서

금강산으로 자꾸만 돌아오고 있다
그의 어깨 위에 반쯤 걸친 햇살 대신
각진 얼굴 부드러운 눈망울이 주위 햇살 받아내어
슬쩍 내 눈과 마주칠 때마다 온기를 전해준다

젖은 몸이 훈훈해질 틈도 없이
뒤섞이는 말소리, 폭포소리 사이로
등만 보인 채 그가 비탈길로 올라간다

꿈틀대던 시구들도 풀이 죽고
서늘한 그늘이 시화에 내려앉기 바로 전
그가 다문 입술 터트려
"오오" 하며 읊조린다

"지리산에 살다 죽어도
백두산에 살다 죽는 한 핏줄이여"*

- <대간에서 만나는 사람>

---

* 신대철 시인의 시 <금강산에 살다 죽어도> 부분.

누구에게나
배후가 있다면

죽산(竹山) 사람.

서울에서 태어났지만 나는 경기도 안성시 죽산 사람이다. 거기서 살아 본 적이 없다.

중요한 말을 뒤로 미루어서 하고, 까무잡잡한 사촌동생들처럼 "엥? 그게 아닌거. 이게 맞는거"라고 끝을 길게 끌며 항변하는 듯한 말투를 쓰는 죽산 사람과 나는 어쩐지 다르다. 죽주산성을 끝내 몽골군이 함락하지 못했는데, 죽산 사람에게 지키는 것 하나만큼은 이력이 있나 보다. 죽산 장원리의 연원이 된 열원(烈院), 다른 말로 너러니에는 이름난 열녀가 살았다 한다. 게다가 죽림리에선 수많은 천주교 신자들이 자신의 믿음을 지키다 순교했다. "왜놈들도 여기서는 못 살고 나갔단다"라며 죽산 사람의 지독한 기질을 아버지가 되려 원망하실 정도였으니…. 1980년대 죽산 너러니에 골프장이 들어서려 했을 때, 아버지는 있는 돈 없는 돈을 당겨 논밭을 사들이고 거기서 작은아버지가 목장을 운영하면서 고향을 지키셨다.

더 오래 전 아버지는 너러니에 친구 따라 들어 온 어머니를 만나셨다. 어머니는 너러니나 용설리에 사는 이들을 촌사람으로 여기기도 하던 죽산 면내 출신이다. 어쨌든 최소 사백 년 가량을 죽산에서 살아온 족속이라면, 잠시 나가 다른 땅에서 낳은 아이에게도 죽산의 기질이 조금쯤 전해지지 않았을까. 그 아이는 조상이 대대로 살아온 곳을 자신의 배후로 여길 수 있지 않을까. 그러나 거기를 벗어나 오히려 핏줄처럼 이어지는 산줄기를 따라 떠났다 돌아오는 것도 좋을 것이다. 멀리 나갈수록 생각나고 새롭게 자신을 끌어들이는 처음의 무언가를 느낄 수도 있을 것이다.

일곱 도둑이 현인으로 탈바꿈하였다는 절이 있는 죽산 칠장산. 백두대간 속리산에서 이어온 줄기가 두 정맥으로 갈라지는 곳. 칠장사 시냇물에 발목을 담근 적이 있다면 금북정맥 따라 서운산 청룡사를 거쳐 멀리 오서산, 지령산을 향해 걸어가 볼까. 아니면 한남정맥 따라 삼죽을 지나 수리산, 계양산을 이어 가다, 북한 땅이 바라보이는 문수산 보구곶까지 달음질쳐 볼까.

빛나는 소리

여행은 어떻게 떠나는가?

여행 일정을 잡고 떠날 날이 다가올수록 설렌다. 여행 날 새벽에 일어나 약속 장소에서 일행을 태우고 아직 컴컴한 고속도로에 들어선다. 두 잔째 커피를 마시고도 잠이 달아나지 않는다. 빈속이 쓰리고 여전히 목이 저리다. 차가 고개를 오르고 여러 차례 긴 터널을 지난다. 이제 내리막길이다. 날이 훤해지고 수평선이 비친다. 창문을 여니 밀려드는 파도 소리. 해송 사이 아무렇게나 차를 댄다. 모래 위를 달려간다. 바다다.

밀려오다 밀려가는 물결을 보며 생각한다. 내가 여기 왜 있지? 그리고는 곧바로 집에서 자고 있을 아이들이 떠오른다. 집에 가고 싶다. 가슴이 뻐근하게, 아이들이 보고 싶다….

가는 길부터 비가 추적추적 내린다. 날을 잘못 잡은 게 아닐까? 구룡령 지나 조침령 터널 앞에 차를 세운다. 구름이 벗기며 비가 그친다. 저편 하늘이 말끔해진다. 이미 길가에 좌판이 벌여 있다. 좌판 뒤 여자가 반갑게 인사를 한다. 초등학생

자식들이 집에 있을 듯한 젊은 엄마. 차도 지나지 않는 이른 아침.

터널 위로 좁은 길을 따라 조침령을 오른다. 수풀이 우거진 길가에 빨간 표지판이 서 있다. 다가가 표지판을 들여다본 일행이 웃음을 터뜨린다. 빨간 바탕에 흰 표시. 해골 아래 '절대 서행'. 가뜩이나 느려진 걸음을 더 늦추라니. 게다가 저렇게 해맑은 해골 그림이라니. 지금은 풀이 덮였지만 예전에 이 길이 자동차가 굽이굽이 오가던 왕복 2차선 도로였던 것이다.

고개 위에는 커다란 바위에 '백두대간 조침령'이 커다랗게 한자로 쓰여 있다. 새도 자면서 넘었겠지만 등짐을 맨 사람들이 걷고 걸어 바다에서 내륙으로 또 그 반대로 넘나들던 고개. 우리는 백두대간을 따라 단목령 쪽으로 걷는다. 더 좁아진 오르막 산길에 야생화가 피어 있다. 말 그대로 꽃길이다. 마타리, 어수리, 금강초롱, 이름도 모르는 아름다운 꽃들. 호사스럽다는 생각마저 든다.

지도에 나타난 전망대까지 가보기로 한다. 거기서 멀리 바다를 바라보며 물 한 잔 마시고 쉬기로 한다. 한참 걷다 굽이를 돌며 찾아봐도 마땅한 자리가 없다. 한여름이고 나뭇잎과 풀이 무성하다. 바다 쪽으로 전망이 보이지 않는다. 어쩌면 지도가 너무 오래됐는지도 모른다. 한 굽이 더 돌아가는데, 수풀 속에 자그맣게 빛이 흰하다. 아련히 보이는 푸르게 빛나는 양양 바다. 숨이 탁 트였다.

저 바다 쪽 양양에서 인제로, 인제에서 양양으로 산과 바다를 이으며 구룡령, 조침령, 북암령을 걸어 넘었을 사람들을 생각한다. 나물과 약초, 말린 생선과 서신을 짊어지고 고갯마루에서 다리를 쉬며, 그들도 아득한 바다를 바라보았을 것이다. 마음대로 되지 않던 지난날과 마음대로 될 수 없는 앞날을 두고 숨을 고르며, 집에 두고 온 식구들을 떠올렸을 것이다.

길을 돌려 조침령으로 향한다. 아까 봤던 꽃들도 배웅을 한다. 고개 아래 터널로 내려오니 길가에 차가 여러 대 서 있다. 좌판 앞에 물건을 구경하는 사람도 있다. 한층 환한 얼굴로 그 여자가 분주하게 물건을 내오고 커피를 탄다. 우리는 차에 올라 터널을 지난다. 쇠나드리(옛조침령)를 둘러보고, 다시 점봉산 진동리로 달린다. 기린초등학교 진동분교에 천천히 들어선다.

빈 운동장. 맑은 햇살. 수돗가에 아이들이 소란하다. 기다란 스테인리스 수전에 모여 방울토마토를 씻고 있다. 우르르 방울토마토가 쏟아진다. 색색깔의 웃음소리 같다. 아주 오래전부터 나를 기다리는 소리.

    빗물이 구불구불 흐르는 구룡령에서
    양양 쪽 하늘로 반짝 해가 비친다
    서림에서 조침령 올라 시동을 끈다

길가 좌판에서 갑자기 웃으며 인사하는 여자
집에 둔 아이들 잠도 안 깼을 평일 아침

조침령 옛길은 풀이 자란 굽은 길
예전엔 여기가 찻길이라고
모퉁이마다 기울어진 해골 밑 절대서행 표지
사진을 찍자 추락위험 가리키며 웃는 일행
단목령 가는 길은 좁다란 꽃길
길이 확 꺾이는 데서 굴속 같은
나무 넝쿨 사이로 빛이 트인다
멀리서 눈부시게 너울대는 양양 바다
그리운 짠내, 비린내 넘어오고 넘어가고
약초, 서신 든 등짐 내려논 이도 수평선 보며
제비새끼들 같은 식솔 떠올렸을까

고개 내려와 진동리에 들어간다
기린초등학교 진동분교로 꺾어든다
빈 운동장에 노니는 햇빛
수돗가에 아이들이 방울토마토를 씻고 있다
도수 높은 안경 낀 저학년이 대야 물을 버리다
우르르 토마토가 쏟아진다
구르는 빨강 파랑
두고 온 빛나는 웃음소리

- <빛나는 소리>

태백에서 왔다

봄, 가을도 좋고 시원한 여름도 좋지만, 눈 내린 태백산이 더 좋다.

청량리역에서 밤 기차를 타고 태백역에 내려 역사에서 떨다가, 처음 연 식당 방바닥에 발을 녹이며 해장국을 먹고, 캄캄한 태백 거리를 걸어 시외버스 터미널에서 첫차를 타고 유일사 입구에 내려서면, 가슴이 설렌다.

일출을 찍으려다 실패한 사람들과 엇갈려 오르는 길. 주목 군락 지나 천제단을 향해 가는 눈길이 눈부시다.

*

거제수나무 곁
내가 개미
내가 두꺼비
내가 쇠딱따구리

산 위에서 밑에서
우박비에 쫓기다

커다란 양팔 품에

깃들수록 세어만 가는

나도 풀

나도 바위

나도 거제수 아이

- <흰수염 아이>

우박이 세차게 내렸다. 피할 데 없는 산 정상에서 벌을 받는 것 같았다. 뛰는 걸음으로 거제수나무 숲으로 갔다. 거제수나무가 팔들을 벌려 숨겨 주었다. 거제수나무 아래서 나는 내가 아닌 무엇이 되고 싶었다. 되도록 인간이 아닌 개미, 풀, 새…. 거제수나무 아래서라면 좀처럼 상처받는 일도 없고 걱정도 없는 무언가가 되고 싶었다. 하지만 개미라고 풀이라고 작은 새라고 근심이 없겠니. 차라리 거제수나무 곁에서 거제수나무처럼 고요히, 어디서부터 내가 걸어왔는지 생각해 보자. 나를 나이게 하는 인간의 첫 목소리를 떠올려 보자. 컴컴한 땅 높다란 나무에 다시 흰빛이 내릴 때까지.

*

마을이 떠났다

빈터에 서성이던 눈발이
아이들을 기억하려 읊조리는
허밍처럼

끊어지다 은은하게 이어가는 사이
시린 햇빛 내리고 만항재
흰 숲이 반짝거릴 때
네가 남겨두고 떠난 길을 걷다
후둑,
목덜미에 부서지는 눈덩이

누가 흔들었을까
저 높은 가지에 올라

- <전나무 아래로>

 중학교 때 전학 온 친구가 다녔던 학교를 스쳐 폐광촌 빈집 사이를 걸었다. 금 간 담벼락에 아이들이 그려놓고 떠난 금마타리 같은 꽃 옆에서, 펄펄 내리는 눈을 바라보았다. 만항재 아름다운 숲길까지 빈 교실이, 아이들이 남겨놓은 그림이 따라왔다. 갑자기 목이 선뜩했다. 나뭇가지에서 눈덩이가 떨어졌다. 어디선가 함박웃음 소리가 울려 퍼졌다.

북한산 이야기

 나는 지금 북한산 비봉을 보고 있다. 비봉 능선을 왼쪽으로 따라가면 다른 봉우리도 보일 테지만 아파트에 가려 있다. 내가 입원한 병원 높이 때문에 놀랍게도 산이 보이지만, 앞쪽 높은 건물 때문에 능선이 온전히 보이지 않는다.
 지금처럼 아파트가 많지 않을 때, 산이 보이든 보이지 않든 우리는 산에 기대어 살았다. 여기서 '우리'는 북한산 자락에서 태어나 자란 사람들로, "북한산 맑은 정기…"로 시작하는, 꼭 산 이름이 가사에 들어가는 몇 개의 교가를 내내 불러야 했던 이들이다. 도시 변두리 골목을 뛰어다니던 아이들이 분명하지만, 어느 아침에 눈을 뒤집어쓴 산봉우리를 보며 덜컥 겨우살이 걱정을 하고, 단풍 든 산자락을 지날 때 다른 세계로 들어가고 있다는 흥분을 느끼며, 나무 하나 없는 동네 야산에 올라 멀고 푸른 산을 바라보면서 언젠가 저 산에 꼭 가보겠다 다짐하던 아이들이다.
 간혹 초등학교 소풍을 '국민대 뒷산'으로 다녀오고, 중학교 시절엔 막 개통한 지하철을 타고 진관사 계곡까지 답사하면서 북한산이 점점 더 다가왔다. 물론 산을 좋아하시던 아버지 인

솔로 온 가족이 우이동으로 해서 도선사, 용암문까지 산행을 하고, 더 가까운 청수장 계곡에 가 지금도 잊히지 않는 고추장찌개를 끓여 먹고 낮잠을 자다(물소리 때문에 잠이 오지 않았다) 돌아오기도 했다.

대학교에 다니면서 북한산은 내게 더 가까이 왔다. 학교 울타리가 국립공원이라고 하면 좀 이상하지만, 매일 등교하는 게 산에 가는 느낌이었다. 뒤늦게 입학한 탓에 학교에 잘 적응하지 못했던 나는 도서관에 가방을 벗어 던지고 자주 혼자 숲을 헤매거나 형제봉에 올라갔다. 대남문을 거쳐 보현봉에 갔다 학교로 돌아오기도 했다. 산에서 내려오면 학교도 사람들도 달리 보였다.

시간이 지나 정릉을 떠나 불광동에서 살다가 진관동으로 이사 왔다. 서울에선 더 춥고 외진 곳인데 산에 더 가까워졌다. 애 낳고 직장 다니고 북한산을 잊다시피 지내다가 집 앞에서 보이는 봉우리가 백운대라는 걸 뒤늦게 자각했다. 가끔 북한산 둘레길을 산책하듯 걸었다. 집 뒤 이말산에 오르내리기도 했다. 재스민이란 이름의 이말산은 높이가 백 미터 조금 넘는데 북한산을 바라보는 산이면서 궁궐 내인들이 묻힌 곳이기도 하다.

그러다 중학교에 올라간 아들과 갑자기 북한산에 가기로 했다. 백운대에 올랐다. 스무 살에 처음 가보고 두 번째로 오르는 동안 서울이 많이 바뀌었다. 산도 나이가 든 것 같았다. 무슨 유행인지 적지 않은 대학생들이 흰 바위에 나란히 앉아 먼 곳을 바라보고 있었다. 나는 무릎에 통증을 느끼며 하산했지만 그날 본 풍경과 사람들의 표정을 마음에 남겼다.

지난주 축구를 하다 아킬레스건이 파열되었다. 수술을 마치고 입원 중인 병실에서, 담당 의사의 지연된 회진을 기다리며 비봉 능선을 바라보고 있다. 아파트에 잘린 나머지 능선이 여전히 보이지 않지만, 북한산은 내게 가까이 있다. 더 가까이 다가와 내 속에 들어앉은 것 같다. 그래서 북한산에 대해 뭔가 쓰는 게 멋쩍고 부자연스러운 일처럼 여겨진다. 북한산에 대해 무슨 이야기를 할까. 너무 많이 할 얘기가 있는 것 같고, 아무것도 할 얘기가 없는 것 같다. 이것이 북한산을 대하는 나의 솔직한 심정이다.

하지만 북한산이여. 내가 산에서 태어났듯이 산에서 죽을 것이다.

죽어서 북한산의 일부가 될 수 있을까. 북한산이 잠자코 허락해 줄까.

몸부림치며
느닷없이 다가오는 산

백두대간 정맥(正脈) 시집
『나는 흔들린다, 속삭이려고, 흔들린다, 귀 기울이려고』

1

백두대간 정맥 시집이 나왔다. 2018년 백두대간 시집 『혼자 걸어도 홀로 갈 수 없는』이 출간된 뒤 거의 5년 만이다. 첫 정맥 시집 발간으로, 대간(백두대간의 줄임말)과 정맥 전체를 시편으로 다루는 최초의 작업이 마무리되었다. 두 시집 모두 유일한 공동시집이다. 빗방울화석 시인들이 대간과 정맥을 의식하고 그것을 소재로 시를 쓴 지 30년이 넘었다. 1991년에 공식적인 대간 답사를 시행하면서 2001년부터 대간과 정맥 시가 특집으로 포함된 공동시집을 냈다.

두루 알려졌다시피, 지리산에서 백두산까지 산줄기가 물을 건너지 않고 하나로 이어져 우리나라 척추를 이루는 지형이 백두대간이다. 대간과 정맥 체계가 이전부터 계승되었는데 조선의 실학자 여암 신경준이 족보 형식의 '산경표'로 정리하였다. 일제강점기에 수립된, 지질학적 개념의 산맥 체계가 대세를 이루다가 백두대간이란 용어가 다시 퍼지고 실제 산행의 구간으로 수립되기 시작한 것은 1980년대부터다. 지금은 태백산맥보다 백두대간이란 말이 더 자주 쓰이는 듯하다. 대간에서 갈라져 나와 대체로 강을 끼고 바다로 흘러가는 정맥은 대간만큼 잘 알려져 있지 않다. 산지가 국토의 70%인 우리나라에서 주요한 산줄기가 백두대간을 중심으로 하여 한 개의 정간, 열세 개 정맥의 가지로 나뉜다.

1990년대부터 백두대간을 다룬 개인 시집이 간행되었다.* 백두대간과 정맥이 국토 전역에 걸쳐 펼쳐져 있고, 산줄기와 고개뿐 아니라 마을, 하천, 들판 등을 폭넓게 품고 있기에 개인이 그 현장을 망라하기란 녹록지 않다. 무엇보다 거기에 민족의 역사가 서려 있고 수많은 사건과 의미가 얽혀 있어서, 여러 시인이 각자의 시를 통해 공동의 경험과 정서, 의식 등을 한 시집에 융해하는 것도 바람직할 것이다. 그것은 시야의 다각성을 높이는 차원을 넘어 문학의 공동체성을 구현하는 일이기도 하다. 문학의 공동체성을 구현한다는 것은, 민족이나 국가로만 한정하지 않더라도 공동체의 운명을 거쳐온 그 집단 고유의 특성을 포착하면서 공동체가 지닌 현실의 문제를 헤아리고 그 해결을 도모하는 것이라 할 수 있다. 작품을 창작하는 개인이 자연스럽게 공동 체험을 하고 작품을 통해 공동의

---

* 1990년대에 강희산·권경업·김우선·고양규 시인 등이, 2000년 이후 이성부·정두수·송수권·양해관·송문헌·최명길 시인 등이 개인 시집을 출간하였다.

의식을 추구한다면 그러한 성격이 더욱 깊고 또렷해질 수 있다. 당연하게도 이러한 공동의 의식은 집단의 이기적 의도나 폐쇄적 태도, 그 구성원과 타 집단에 대한 억압과 폭력에서 벗어나 오로지 사랑과 존중에서 비롯한 열린 관계, 평화로운 공존을 지향한다. 공동체성은 사회를 넘어 생명과 자연으로까지 확장될 수 있다.

  구체적으로 말해 백두대간과 정맥 자락이 품은 역사적 현장을 함께 답사한다는 것은 공동 체험을 추구하는 일인 동시에, 문학을 통해 한반도의 비극인 분단 문제를 극복하고 민족의 동질성을 회복하는 시도이기도 하다. 일체와 단절의 상징이자 그 실체인 대간과 정맥을 거듭 탐색하면서 현장의 특색을 작품에 반영하되, 시인들이 서로를 보완하고 진작시키는 방식으로 거대한 테마를 문학적으로 적실하게 아우를 수 있는 것이다. 그 결과물의 일부가 빗방울화석 시인들의 백두대간 정맥 시집 『나는 흔들린다, 속삭이려고, 흔들린다, 귀 기울이려고』이다.

2

당장 어떻게 해볼 도리 없어서일까? 너무 오래 긴장 상태로 지내서일까? 국토가 분단돼 있을뿐더러 서울서 자동차로 불과 20분 거리 분계선에서 핵무기를 포함한 엄청난 군사 전력들이 일촉즉발 대치 중이고, 주기적으로 어느 쪽이든 전쟁 불사로 상대를 험악하게 위협하는 재앙적 상황에서, 공포와 슬픔을 체감하며 살아가는 한국 사람은 별로 없는 듯하다. 아파트값이 그새 떨어졌는지, 명문대에 합격할 건지, 인기 아이돌의 비밀 열애가 특종기사로 터질지에 목을 매고 있다. 외국인 투자를 막는 불안 분위기 조성이야말로 오히려 국익에 해만 될 것인가?

시 〈산책〉에는 가볍게 김포 문수산 산책을 나섰다가 불현듯 현실의 비극을 마주치는 젊은이의 목소리가 울린다.

휘휘 구름 쫓아
능선 따라 바다로 갔더니
콱 가로막는 철조망
감시 초소, 실탄 든 탄창, K-2 소총

나도 모르게 바짝 다가서서
능선도 바다도 구름도 아닌
보이지 않는 것만

숨 죽이고 바라보는

일요일 오후

분단국의 산책

― 오하나 <산책> 부분

한남정맥의 끝자락, 바다와 구름을 쫓아가다가 화자는 철조망에 막힌다. 아름다운 정경에 취해 걷다 소총 든 군인을 마주치고는 평화로운 산책이 자신에게 더 이상 허락될 수 없음을 깨닫는다. 여태까지 평안하게 누려 왔던 휴일 오후조차 현실을 외면할 때에만 맛볼 수 있는 허상에 불과하다고 인식하게 된 것이다. 화자는 마비된 상태에서 바로 눈앞에 보이는 풍경에 머물기보다, 비로소 그 너머에 "보이지 않는 것만 / 숨 죽이고 바라보"면서 자신의 행위가 "분단국의 산책"이라는 걸 담담하게 받아들인다. 화자의 모든 일상적 행위에는 이제 '분단국의'라는 수식어가 붙을 수밖에 없어서, '분단국의 아침 식사', '분단국의 영화관람', '분단국의 낮잠' 등으로 뒤바뀐 비극적 일상에 원래부터 자신이 놓여 있었음을 알게 된다.

그런 일상은 잠시 들어설 수 있는 민간인 통제구역 마을에서 더욱 분명해진다.

검문소에서 신분증을 제시하고 들어선 생창리

아이들의 뛰노는 소리가 들린다

소리 하나 따라가 보면 교회가 생겨나고

우르르 몰려가는 소리에 골목길이 열린다

고향을 찾아 고향 가까이로 왔지만 몸은 윗마을
고향에 이르지 못하고
아랫마을 생창리에서 반세기를 사신다는 박 씨 할아
버지

― 김일영 <생창리> 부분

망원렌즈로 줄여놓은
예창리 들판에서는
가을걷이로 뻐근해진
허기를 펴다가
하늘이 노래지는
그대들이 보이네요

― 이성일 <넘은 산, 흘러오네요> 부분

  아이들 뛰노는 소리에 교회와 골목길이 열리는 <생창리>의 현장은 군사분계선을 지척에 둔 지역이지만, 거기서도 생활이 유지되어야 하기에 긴장과 불안이 상존하는 일상이 계속된다. 화자가 당도한 아랫마을에서, 북한이 되어 버린 윗마을을 고향으로 둔 할아버지를 만나 분단의 실상을 절감한다. 한편 <넘은 산, 흘러오네요>에서 화자는 망원경으로 추수가 한창인 북한의 들녘을 바라본다. 벼를 베다가 허리를 펴며 눈앞이 노래지는 농부의 노동과 그 일상을 상상한다. 갈라진 누구라도 똑같이 하루를 살아가는 고단한 생활인이라는 성찰 뒤에, 한없이 멀게만 느껴졌던 "그대들이 보이"자 북녘 산이 새롭게 다가온다. 비극적 일상을 일상적 비극으로 바라보며 그 속을 살아가는 '나'와, 분계선 너머의 '그대'를 나란히 합치시킬 때에야 분단 해결의 실마리가 풀릴 것인가.

시집 『개마고원에서 온 친구에게』(2000년)에서, 알래스카에 온 북한 사람과 가족사진을 돌려보며 뜨겁게 교감을 나누었던 신대철 시인이 적근산에서 다시 북쪽 산을 바라본다.

> 평강 백암산은 보이지 않고
> 분계선 가까이 스치는
> 끊어진 철길과 습지,
>
> 아침리에서 금강산까지
> 아침 먹고 걸어서 한나절이면 간다는데
> 금강산선 복구되면 이번에는
> 아침리에서 금강산 시화전 열고
> 마음대로 서성여도 되겠다.
>
> 고요히 잔설이 녹고 있는 비무장지대
>
> 비탈진 북방한계선에 기대어
> 초병들은 졸면서 남쪽을 바라보고
> 가물거리는 그 아지랑이 눈빛을 타고

능선길은 대성산을 넘는다.
어깨 위에 걸려 있던 발길들
한북정맥 끝자락으로 흐른다.

― 신대철 〈금강산선〉 부분

 금강산선은 철원과 내금강을 잇는 116.6km의 전기철도로 1931년에 완전 개통되었다. 전쟁 통에 역사와 철로가 파괴되었으며 남한과 북한을 연결하던 노선이 군사분계선으로 절단됐다. 의주로와 마찬가지로 분단으로 인해 끊어진 교통로이다. 정맥 또한 북한의 추가령까지 이어지는 줄기가 남한에서는 적근산 이후 더 뻗어가지 못한다. 한북정맥은 열세 개 정맥 중에 유일하게 남북으로 단절된 산줄기로, 분단의 현황을 실제로 보여 주는 현장일 수밖에 없다. 어렵게 군의 허가를 받아야 들어설 수 있는 적근산에서는 궁예의 옛 도성 터와 금강선 철길 흔적이 내다보이고 북쪽의 정맥 줄기가 비쳐 든다.
 화자는 〈금강산선〉에서 보이지 않는 평강의 백암산을 가늠하면서 금강산행을 꿈꾼다. 남북이 화해 분위기가 조성되어 금강산선이 복구된다면 아침리에서 시화전을 열고자 한다. 금강산을 오가는 남북 사람들이 시화를 감상하면서 웃음꽃을 피우길 기대한다. 원래 시 주석에 설명이 붙었는데 2004년 봄 빗방울화석 시인들이 금강산 구룡폭포와 만물상 앞에서 '백두대간 금강선 시화전'을 개최한 적이 있다. 남한의 금강산 관광

객과 북한 관계자, 안내원이 시화를 감상하며 화기애애한 이야기를 나누기도 하였다. 이번엔 북한의 오성산 아래 아침리에서 화자가 그때의 감동을 새롭게 일으켜 보기를 소망한다. 그런 염원와 상상으로도 비무장지대가 녹는 것 같이 느껴진다. 여전히 군인들은 군사분계선에 기대어 제대를 기다리고 한북정맥은 아지랑이와 함께 흘러간다. "어깨 위에 걸려 있던 발길들"은 애석하게도 당장 북쪽 산길을 걷지 못하지만 언젠가 자유롭게 뻗어 나아갈 미래의 걸음들이라 할 수 있다.

3

정맥 답사가 일반 산행과 다른 점은 산줄기 자체에만 행보를 제약하지 않는다는 점이다. 더 긴 정맥 구간을 짧은 시간에 주파하는 데 목표를 두지 않을뿐더러 마루금에서 벗어나 그 산의 영향이나 범주에 있는 지맥이나 도로, 마을과 하천 등까지 탐색하기도 한다. 정맥시에선 현장성이 중요한데, 현장의 구조가 시의 골격을 지탱해 주고 긴장과 생명을 부여해 주기 때문이다.* 제대로 된 시를 쓰기 위해선 여행객처럼 스

---

* 신대철, 「율리 김의 음유시를 들으며」, 빗방울화석 시인들, 『나는 흔들린다, 속삭이려고, 흔들린다, 귀 기울이려고』, 빗방울화석, 2023, 375쪽.
같은 글에서, 현장성의 강점을 "시가 하나의 실상을 갖기 전까지 수시로 바뀌는 감정의 단위를 조절해줄 뿐만 아니라 무엇보다도 객관적인 사실을 사실 그대로 유지

쳐 지나기보다 현장을 몸에 새겨 넣어야 한다. 그곳에 잠시라도 살아 보는 게 이상적이겠지만, 길섶 돌부리까지 익숙하도록 같은 장소를 여러 번 드나들고, 거기 사는 사람과 만나 깊이 대화하는 데 중점을 둔다.

정맥에는 역사의 흔적이 고스란히 남아 있다. 특히 외침에 맞서 싸울 때 조상들이 험한 산악 지형을 이용해 끈질긴 항전을 벌였다. 정맥 줄기의 고개, 마을, 벌판 등에 무수한 싸움의 기록이 전해지며 답사를 통해 그 실태가 희미하게나마 확인된다. 그 가운데 금남정맥 대둔산에서 벌어진 동학농민군의 처절한 최후가 절제된 묘사를 통해 시화되었다.

총안 같은 돌담과 초막 짓고
돌과 나무와 안개와
화승총으로 무장하고
하늘에 기대어 최후 항전

1895년 1월 27일 비
일본군과 관군
인간 사다리로 기어올라 절벽 후면 기습

사살된 임산부
포로가 되지 않으려고

시켜준다는 점"이라 하였다.(376쪽)

농민군 스물다섯 명 모두
절벽에서 몸을 던짐

(한 살 된 아이 안고
절벽을 벗은 접주 김성주)

사로잡힌 소년
절벽 위에서
1919년 3월 1일 만세 소리 들었다.

— 신대철 <대둔산 소년> 부분

우금치전투에서 패퇴한 동학군 가운데 일부는 대둔산 미륵바위에서 끝까지 적에 맞섰다. 바위 꼭대기에서 화승총과 함께 "돌과 나무와 안개"로 무장했다는 것은 장비의 허술함을 보여 주는 듯하지만, "하늘에 기대어 최후 항전"에서의 '하늘'과 맞물려 자연 이상의 순수와 숭고가 그들의 싸움에 배어들고 그것으로 행위의 정당성과 절박성을 드높이는 효과를 낸다. 그러나 "삼면 절벽"의 후면을 "인간 사다리"로 기어오른 일본군과 관군의 기습에 그 저항은 종말을 맞이한다. 중요한 부분은 농민군이 모조리 자결한 뒤 소년이 절벽 위에서 "3월 1일 만세 소리"를 듣는 장면이다. 시의 제목이 '대둔산 소년'이듯 이 시가 결국 주목하는 것은 결전의 처절함보다 동학농민전쟁의 비전이다. 그 항전이 결국 의병투쟁과 3·1운동으로 전승된 것이고 그 정신이 불멸의 가치로 작용할 것이라는 믿음이다.

정맥의 전장에서 당시 비참하게 절멸했다는 점에서 빨치산이 지닌 비극성도 동학군의 것 못지않다. 호남정맥 백운산을 거쳐 간 지리산 빨치산의 심적 갈등은 어떠했을까.

총구의 강선처럼 뒤틀린 채
서로를 겨냥하는 눈빛 거둬야 보이는 산.

토벌대가 지나간 발자국 위에
정순덕이 숨어 있던 아궁이에
이현상이 숨을 거둔 흐른바위에

(…)

천둥처럼
번갯불처럼
천지를, 생을, 가르는 산

- 박성훈 <그 산에 가려고> 부분

지리산을 헤매던 화자는 정작 섬진강 건너 백운산에 올라서서야 지리산 주능선을 조망하듯 빨치산의 운명을 바라본다. 정순덕, 이현상의 삶을 다시 되새긴다. 빨치산으로서 두 사람의 행적은 사뭇 다르지만 반공주의의 위세가 가신 뒤에까지 세상이 그들을 "뒤틀린 채" "겨냥하는 눈빛", 곧 적의와 살의로만 노려보았다고 비판한다. 화자는 낡은 이념의 시각을 바꾸어야만 그들의 삶이 온전히 보이고 거기서 인간의 고뇌와 시대의 아픔을 읽을 수 있다고 말한다. 화자가 위태로운 백운산 바위 정상에서 발견하는 지리산은 천둥, 번개처럼 떨어져 세상을 분절하고, 급기야 사람의 "생을, 가르는 산"이다. 화자는 그 인식에 다다르기 위해, 고단한 생활 속에서 억눌린 채 방황했던 것이고 우여곡절 끝에 산으로 가려 했던 것이다. 결국 그들을 통해 산과 자신의 참모습을 깨닫게 된 것이라 할 수 있다.

한국호 시인도 역사의 숨결을 찾아 낙동정맥 운주산을 헤맨다. 그리고 거기서 발견한 것은 누구나 알 만한 사건이나 인물이 아닌 자신이 김해에서 어린 시절 뛰놀던 동네 뒷산이다. 동네 아이들과 가재를 잡고 본 적 없는 노루 덫을 놓고 난을 캐고 족제비 뼈를 줍고 또 빈손으로 내려오던 고향의 친근한 산이다.

      피란민들이 숨었다는 박쥐구멍 찾지 못하고
      운주산을 휘젓는다 동네 뒷산 오르듯

      잠깐 지도를 내려놓고
      산에 깃든 무성한 이야기들
      원효도 김유신도 박쥐구멍도 내려놓고

내일 또 오를 뒷산처럼
정맥길을 만난다

- 한국호 <동네 뒷산 오르듯> 부분

박쥐구명은 영천과 포항의 경계인 운주산 8부 능선에 있는 동굴이다. 100명이 들어갈 수 있는 크기인데, 임진왜란과 6·25전쟁 때 피란민들이 몸을 숨겼으며 한때 빨치산의 은신처로도 사용됐다고 한다. 화자가 운주산을 휘젓듯 뒤지다가 어릴 적 추억을 떠올린다. 정맥시의 맞춤한 소재로 쓰일 그 유명한 동굴을 종내 찾지 못하지만, 동네 뒷산을 오르듯 걷는 동안 지도와 산에 깃든 이야기, 원효며 김유신을 내려놓는다. 마침내 박쥐구명도 내려놓는다. 지나온 뒷산이 아닌 "내일 또 오를 뒷산처럼" 정맥길을 만났기 때문이다. 다시 말해 정맥은 언제든 가벼이 지나쳐 버릴 대상이 아니고, 언제나 느닷없이 소환되는 어릴 적의 정든 장소이자 삶의 뒷산이며, 언젠가 근원적인 '나'를 마주할 수 있는 곳이다.

증조할아버지는 동해 평해(平海)에서 길등재를 넘으셨다.

일월산 밑, 오리재 노루모기. 일본 순사를 피해 신선바위를 오르내리시던 증조할아버지. 화전민으로 흙벽 흙바닥에서 길등재를 밟고 일월(日月)에서 멀리 멀리 올라갔던 아버지. 사람 속의 많은 길은 몸을 죽여야 비로소 길이 된다는 할아버지처럼 아버지도 나뉜 길 몰아 허물어진 돌담을 끼고 다시 평해로 돌아가셨을 것이다.

돌아가는 것은 몸만 지우는 걸까?
몸에 남아 있는 기억은 어디로 갈까?

물푸레 잡목 숲을 지난다, 길등재 낮은 능선도 머리 숙이고 높게 오르시던 아버지를 피해 마른 목 빳빳이 세워 오십 년을 지내는 동안 나는 어느새 생각을 지우려고 몸을 죽이고 있었다. 할아버지와 아버지를 흘려보내야 내가 되는 건가?

나는 아직도 할아버지와 아버지가 쉽게 넘던
길 하나 오르지 못했다

— 손필영 <길등재>

인용하지 않은 시 주석에 따르자면 화자의 증조할아버지는 1920년대 항일 비밀결사 활동을 한 것으로 보인다. 그래서 일월산과 울진의 평해를 오갈 때 큰길을 피해 인적 드문 정맥 고개인 길등재를 넘은 듯하다. 증조할아버지의 뜻을 이어받아 수없이 길등재를 넘은 할아버지, 아버지가 "사람 속의 많은 길은 몸을 죽여야 비로소 길이 된다"는 것을 보여 주었는데도 화자는 아버지와 달리 "목 빳빳이 세워" 지내며 "생각을 지우려고 몸을 죽이고 있었다"는 걸 자각한다. 화자는 큰 뜻으로 사람 속에 길을 내는 대신 제 속에서 길을 맴돌던 자신을 응시한다. 그리고 자신이 낮은 고개 하나 넘지 못했음을 자인한다. 길등재는 '나'를 있게 한 조상들의 고개이므로 '나'의 책무는 그들의 뜻을 받들어 고개로 가느다란 길을 내는 것이라 할 수 있다. 커다란 역사가 가족사로, 그것이 개인사로 밀려드는 것처럼 한 사람이 야트막한 동산인 정맥을 걸어 대간 준령으로 갔다가, 다시 정맥으로 흘러 고향 집 뒷마당에 당도한다. 같은 시인의 다른 시 제목에서처럼, 이 땅에 태어난 사람이라면 "누구나 정맥 하나 감고 있다".

4

1960년대 산업화가 막 진행되면서 산의 자원을 대량으로 채취하고 가공하는 것이 중요한 일로 대두되었다. 산에 깃들어 살던 사람들이 쫓겨나고 타지에서 일자리를 찾아 깊은 산으로 들어가는 사람들이 생겨났다. 이후에도 산업 전체의 시스템이 빠르게 바뀌는 데 따라 기존의 일자리가 하루아침에 사라지고 새것으로 대체되었다. 그럴 때마다 노동자들이 뜨내기처럼 산을 떠나고 들어갔으며 그들의 삶은 불안정하고 위태롭기까지

하였다.

> 폐광이 되자
> 북적였던 옛 사람들은 어딘가로 떠나갔고
> 아연 제련소가 들어서자
> 그들과 얼굴색이 닮은 타지 사람들이
> 늦가을 서리처럼 석포로 들어왔다
> 이곳을 나가기 위해
>
> (…)
>
> 쉴 틈 없는 삼교대 근무
> 빨간 눈이 되어버린 인부들이
> 낙동정맥에 숨어 있는 듯한 제련소에서
> 살기 위해 나오고
> 살기 위해 들어간다
>
> - 장윤서 <남방한계선> 부분

 탄광이 많던 경북 봉화의 석포면에 아연 제련소가 생겨 노동자들이 들어왔다. 화자는 벌써 떠나간 사람들이나 방금 들어온 사람들의 얼굴색이 닮았다 하여 그들의 처지가 나아지지 않았음을 보여 준다. 과도한 노동과 열악한 숙식으로 사람들의 건강이 급격히 나빠진 것을 "빨간 눈"이 되어 버린 것으로 표현하고 있다. 이 시에서 제목으로 쓰인 '남방한계선'은 열목어 서식의 한계선을 지칭한 것인데, 눈물을 머금은 듯 눈이 불거진 열목어는 물이 맑은 깊은 산속에만 사는 물고기로 청정 환경의 기준이 되는 동물이다. 그러나 이미 산하는 각종 오염으로 혼탁해지고 노동자들이 중금속에 중독되기도 하였다. 사람이 "살기 위해 나오고 / 살기 위해 들어"가는 악순환이 벌어지는 현실 상황이 시를 통해 핍진하게 표현되었다.

  산업 문명에 의해 자연이 파괴되고 그로 인해 인간의 앞날 또한 슬퍼지리라는 예언이 다른 정맥시에도 나타난다.

>지령산 내려오면
>정맥은 모래능선으로 흩어지고
>해송 한 그루 사람 하나 찾지 않는
>갈음이해수욕장을 지키고 있네
>
>성난 검은 파도 덮쳐 왔다 가면
>곱고 고운 모래사장
>기름 눈물 흘리네
>
>눈이 내리네
>모래능선에 눈이 쌓이고
>눈 위로 검은 모래 쌓이네
>
>   - 조재형 <모래능선>

조재형 시인은 정맥시 〈산에서 산을 찾고 있네〉에서 복주산의 능선과 봉우리가 산병호와 무개호, 벙커로 덮인 모습을 그리며, 전후방을 막론하고 인공 구조물로 훼손된 산의 실태를 고발하면서 안타까워했다. 2007년 태안 원유유출사고를 소재로 한 듯한 〈모래능선〉에서는 서해로 향한 지령산 아래 바닷가가 오염으로 신음하는 광경을 정서적이면서도 간결한 시행으로 표현하였다. 나무도 없고 사람도 찾지 않는 해수욕장에서 "검은 파도"가 모래사장을 덮치면 고운 모래가 "기름 눈물"을 흘리고, 하얀 눈 위로 "검은 모래"가 거듭 쌓이는 대비적 이미지를 통해, 인간에 의한 끔찍한 자연 파괴 현황을 강렬하게 묘파하였다.

　위 시들과 반대 선상에서 자연의 아름다움과 생명력을 노래한 정맥시도 적지 않다.

아이들은 숲을 깊이 들이마신다.
아이들을 거쳐온 숲 냄새가
내 온몸을 돌아 숲속에 울려 퍼진다.
나는 거제수나무 냄새
너는 자작나무 냄새

아이들은 정상에 올라 굽이쳐오는
백운산, 국망봉, 강씨봉
한북정맥 하늘금을 보며 속삭인다.

'들리지? 그 소리.'
'응, 쿵쿵, 정맥이 뛰는 소리야.'

- 최수현 <들리지? 그 소리> 부분

  화자는 아이들과 숲을 걷다 서로의 몸속에 나무의 기운이 들어왔다고 느낀다. 온몸을 줄기 삼아 팔과 다리라는 가지로 숲 향기가 퍼지는 것을 상상한다. 그 전에 '바위가 포근해. 그런데 무슨 소리가 들려'라고 말하던 아이들이 이번엔 정상에 올라, 눈앞의 봉우리들을 거쳐 힘차게 굽이치며 달려가는 산줄기를 바라보며 속삭인다. 소리를 확인하는 질문에 '응, 쿵쿵, 정맥이 뛰는 소리야'라고 화답하며 산이 생생히 살아나 맥박 뛰고 있다는 걸 강조한다. 화자 또한 아이들 소곤대는 대화에 귀 기울이며, 현재의 자기를 잊어버리고서 사람이 나무가 되는 순간과, 산이 두근대며 나아가는 광경을 온전히 받아들이고 있다.
  이번에는 아름다운 초원에서 사람이 원초적인 늪지 생물로 화하는 장면을 아래 시에서 찾아볼 수 있다.

    갓 핀 억새풀 물살 지어 찰랑찰랑, 내 몸에 찼다가 가라앉아 얕고 깊어지는 늪, 빛이 흐른다, 물이 흐른다, 길 없이 모두들 시원으로 돌아갈 때 물 땡땡이 찍어 한결 투명해지는 늪,

안개 바람 쓰고
늪에 흘러온 그대들은?
물봉선? 설앵초? 흰제비난? 황새풀?

- 손필영 <단조늪> 부분

　단조늪은 신불산과 영축산에 걸쳐 있는 평원에 자리하고 있다. 높은 산을 힘겹게 올라 광활하게 펼쳐진 억새 평원을 보는 것도 신기하지만, 다른 산에서 볼 수 없는 독특한 동식물을 마주치는 것도 놀랍다. 화자는 고원 습지로도 불리는 산늪에서 시원의 세계로 돌아가는 듯한 기분을 느낀다. 온몸에 맑은 물기가 돌면서 다시 태어나는 것 같은 순간, 낯설게 목격하는 대상은 화자와 함께 "안개 바람 쓰고" 여태까지 정맥을 걸어온 일행들이다. 화자와 마찬가지로 새로 거듭나는 일행들 때문에, 먼지를 벗어 버리고 모두들 그곳의 일원이 되어 아무렇지 않게 늪을 이룬다. 그런 황홀한 장면은 산늪이 인간에게 불현듯 선사해 주는 마법일까.

　알거나 알지 못하는 천연의 늪이 우리나라 전역에 산재한다. 산늪으로 단조늪, 무제치늪 등이 정맥에 있고 용늪, 왕등재늪 등이 대간에 걸쳐 있다. 평지늪으로 잘 알려진 것은 창녕의 우포늪이다. 우포늪 가에, 아주 오래전 식어가는 용암에 비가 내리다 빗방울 자국 문양으로 빚어진 빗방울화석이 있다.

5

　정맥을 모르고 지낼 때는 가까운 산들이 평범해 보이지만 그것이 정맥 줄기란 사실을 알면 뒷동산이라도 달리 보인다. 그 산을 타고 곧바로 걸으면 백두산으로 지리산으로 갈 수 있기 때문이고, 그 줄기 따라 우리나라 거의 어디든 닿거나 향할 수 있기 때문이다. 하나의 산줄기가 물을 건너지 않고 국토 전체에 뚜렷하게 이어진 대간 지형은 세계에서 우리만이 유일하게 가진 특색이라 할 수 있다. 추가령 구조곡 탓에 백두대간이 분명하게 연결된 걸로 보기 힘들다는 견해가 존재하고, 산경표에 맞출 것이냐 대동여지도로 적용할 것이냐에 따라 맥의 방향이 현격히 달라진다는 주장도 있으나, 대간이나 정맥을 우리의 정신과 정서의 근간으로 놓고 시적 상상력을 통해 자연과 인간을 통찰할 수 있다면, 지리학적 논쟁이 매우 중요하진 않을 것이다.

　나는 북한산 아래에서 태어나 지금까지 그 산 주위를 옮겨 가며 살았다. 높은 봉우리에 오르기보다 숲길을 걷고 산을 바라보며 지냈다. 오히려 설악산, 지리산을 비롯해 향로봉, 속리산, 덕유산 등 집에서 멀리 돌아 백두대간 타는 일에 열중하였다. 대간을 타면서 정맥 줄기도 답사하였다. 낙동정맥 따라 부산 몰운대, 한북정맥 비무장지대에 접한 적근산, 금남정맥이 다시 지맥으로 갈리는 군산을 걸었다. 생각나는 대로 몇 곳 적은 것이지만 기억 바닥으로 가라앉아 좀체 떠오르지 않는 산행도 있을 것이다. 혼자 헤맨 고독한 여행도 없지 않지만 거의 모든 대간과 정맥 답사를 빗방울화석 시인들과 함께 했다.

자연스럽게 시 쓰는 사람들이 모여 빗방울화석 이름을 가졌을 때 시인들 모두 삶에 열정이 넘쳤고 시를 사랑했다. 30년 동안 답사하고 시를 썼다. 동인 중 등단한 사람도 있지만 등단하지 않고 꾸준히 시를 쓰는 사람도 있다. 거쳐 온 직업도 각자 다르다. 공무원, 사업가, 카피라이터, 기자, 등산학교 강사, 출판업자, 교수, 교사, 번역가, 농부…. 제각기 개성이 빛나는 시인들이다. 시를 쓸 때 현장 체험을 중시한다는 것만 똑같다. 문학의 바다는 원체 넓고 시를 쓰는 법은 다양하지만, 빗방울화석 시인들은 추상적이고 관념적인 시를 쓰기보다 구체적인 체험을 바탕으로 현장의 골격을 시에 들여오는 방식으로 시를 쓴다. 작품에서 시인이 만난 사람과 사물이 그대로 다 드러나지 않더라도 현장의 틀이 남아 있고 긴장이 작동하는 시는 살아 있는 작품이 된다. 시인이 의미 있는 현장을 발견하고 그것을 진지하게 통과하여 빚은 시는, 단단한 체험의 구조 위에서 실재성과 진실성을 획득한다.

빗방울화석의 답사는 두만강을 넘어 북간도와 몽골, 시베리아, 히말라야까지 범위가 넓혀지기도 하였다. 모두가 답사에 동참하지 못할 경우에는 서로의 시를 깊이 읽으며 경험과 감동을 공유했다. 빗방울화석 시인들 덕분에 나의 시도 변화했다. 나를 중심에 두고 나의 내면을 통해 인간의 본모습을 그리고 탐구하는 방식보다, 나를 버리고 외적 대상을 있는 그대로 마주치려 애쓰게 되었다. 내가 속한 사회와 역사에 대해 사유하고 그 본질을 찾아가는 도중에 나 자신을 어렴풋이 대면할 수 있었다. 비로소 함께 걷는 먼 길을 사랑하게 되었다.

다도해를 지나고 백두대간을 거쳐 나는 북한산에 돌아왔다. 언젠가 다시 북한산으로 올라 함께 개마고원에 다다르고 천지의 푸른 물결에 두 손 적실 꿈을 꾼다.

머나먼 북쪽, 대간과 정맥이 시인들을 기다리고 있다.

바닷가에서 온 시

바다가 뻗어버린 곳

썰물의 발가락 하나 옴짝 못하고
갯구멍으로 그저 느린 숨 내쉬는 개펄

갈대숲을 휘청이며 지나온 무엇이든
드디어 자빠지지 말고는 못 배기는 바닥

희망이나 낙담조차 허세
죽음에 가차운 참패

칠게 민챙이 보말고둥

댕가리 망똥성게 두도막눈썹참갯지렁이

- <와온>

"저기 가볼까?" 순천만에 동행한 친구가 손가락으로 가리킨 곳에 도착했다. 마을 이름이 와온(臥溫)이라고 했다. 바닷물이 빠져 있었다. 드넓은 바다가 널브러져서 겨우 숨만 쉬고 있는 것처럼 보였다. 나도 그 상태와 다르지 않았다. 나뿐만 아니라 주위 사람들이 우울증에 빠져 버린 것 같았다. 같은 해 2014년 4월 16일 진도 앞바다에서 배가 침몰했기 때문이다. 와온에서 민박을 했다. 캄캄한 바닷가를 천천히 걷다가 들어와 잤다.

몇 달 뒤 강화도 갯벌에 갔다. 아무것도 없는 것처럼 보이지만 망원경으로 들여다보니 흰 점 같은 사람들이 갯벌 한가운데에서 뭔가를 캐고 있었다. 절망과 패배의 비유에 지나지 않던 관념 속 갯벌이 늘 살아 있다는 것을 느꼈다. 거기에는 사진 속 이름만 아는 생명들이 온종일 나름대로 왕성히 움직이고 있을 테고…. 무심코 밟으면 꿈틀, 하고 말겠지 싶은 지렁이도. 언젠가 갯벌을 온통 뒤집을 날이 올까.

    논 위에 논
    햇빛 위에 햇빛
    지붕 위에 마당이

    와르르 무너지지 않게
    논이 논을 꽉
    바람이 바람 꽉
    애 업은 큰누나가 꽉

바다가 하늘로 쏟아지지 않게
눈물이 눈물로 부서지지 않게

바람 위에 벼
벼 위에 파도
파도 위에 서슬 퍼런
꼬부랑 할머니가 꾸욱 꽉

- <다랭이마을>

아름답고 평화로운 풍경일수록 슬프다. 그곳에서 분투하며 지내 온 사람들이 떠오르기 때문이다. 남해 출신에게 다랭이마을이라고 하면 알고 가천마을이라고 하면 더 잘 안다. 다랭이는 다락의 경상도 사투리인데 다락논이 우리나라 곳곳에 있다. 대부분 가난한 곳이다. 오죽하면 비탈에 다락 같은 층층이 논을 만들었을까. 내가 갔을 때 다랭이마을 논들이 마늘밭으로 바뀌었지만 그대로 눈부시고 경이로웠다. 찰랑이는 논물에 비친 파란 하늘, 그 하늘을 무너뜨리려고 덮치는 성난 바다를 상상했다. 마을을 나오는데 할머니들이 길가에서 한가롭게 마늘종을 팔았다. 팔기보다 서로들 얘기하고 웃기에만 바빴다. 덤이 더 많은 마늘종 봉지를 건네주는 할머니. 할머니가 되기 훨씬 전, 보채는 아기 업고 논 갈고 눈물 터뜨리던 소녀. 그 옆에 야단치려다 말고 슬그머니 몸 돌려 수평선을 응시하던 할머니. 그 할머니의 할머니의….
  파도를 잠재우려는 할머니가 통영에도 있다.

    중앙시장 어물전
    함지박에 파도가 인다

    아 차거
    흥정만 하는 손님에게
    팔딱이며 물을 끼얹는
    도미

    세차게 지느러미를 흔들자
    시장이 들썩인다
    항구가 기우뚱댄다

    허리 굽은 새까만 할매가
    빨간 바가지를 들어
    탁,
    바다를 다스리는 한낮
                    - <통영 1>

  가만히 있어도 흥이 나는 통영(統營)은 백석과 유치환과 윤이상과 박경리의 고장이다. 과거에 삼도수군통제영(三道水軍統制營)이 있어서 통영이고, 이순신 사당인 충렬사와 사당 안 천

연기념물인 동백나무가 찬란한 항구이다. 다 아는 걸 자꾸 말할 필요 없지만 가도 가도 가고 싶은 아름다운 남쪽 바닷가이다.

   중앙시장에 횟감으로 팔릴 돔이 한 마리씩 플라스틱 용기에 들어 있었다. 여기저기서 파닥이는 소리가 요란했다. 물고기가 어찌나 요동치는지 물살을 세차게 튕겨대다 길바닥에 뛰쳐나가기도 했다. 도마가 엎어지고 손님들이 화들짝 뒷걸음쳤다. 성큼성큼 다가온 할머니가 대뜸 물고기를 물속으로 옮기고는 바가지로 탁, 꿀밤을 먹이자 물고기가 기절했다. 시장이 한순간에 잠잠해졌다. 수군통제사 아닌 꼬부랑 할머니가 짐짓 기강을 잡은 후에야 시장이 한낮의 활기를 되찾았다.

   어두워지는 고요한 바닷가도 있다. 그 고요 속에 들어가 보면 잊고 지내던 지난날의 추억이 있다.

      바다가 되려고 내리는 눈

      무수히 달려들다가
      무단이탈하여 홀연 옷깃 속으로 날아든
      차가운 말

      사라지는 건 없다고
      망가지는
      뜨거운 심장일지라도

                        - <진리>

진리가 과연 있기나 한 거냐고 물을 때
진리에 가볼까?

진리교회
진리노래방
어디서 그 잘생긴 물고기들이 이주한 건지
궁금한 진리횟집

우리가 지쳐서
노래 부르는 동안
진리 노을이 지고
진리 별들이 탬버린 금술마냥 반짝이며
박자를 맞추고 있었잖아
박자를 놓쳤잖아

첨탑을 올려보다
서로의 빛에 물든 뜨내기 별들도
어느새 진리가 되곤 하는
사천진리 바닷가에서

- <진리 2>

    최근에 강릉시 사천면 사천진리에 갔는데 진리가 앞에 붙은 간판은 찾지 못했다. 아마 전국의 수많은 진(津) 자 붙은 바닷가에서 고유명사로만 통하던 진리가 이제 사라진 것 같다. 그래도 오래전 며칠을 보냈던 진리에서의 기억이 사라지지 않는다. 동네 가게 간판마다 진리가 붙어서 다소 철학적이거나 종교적인 냄새조차 났다. 그럼에도 횟집이 많아서 놀랐는데 그 물고기들이 다 어디서 왔을까 궁금했다.

대낮에 낡은 노래방에 들어가 열심히 노래를 불렀다. 누워서 노래를 듣던 일행 한 사람이 "노래가 점점 나아지는데?" 하고 격려해 주었다. 밖에 나와 보니 저녁이었다. 그때 좀처럼 빛이 뵈지 않았지만 그래도 서로를 비춰 주느라 애쓰던 시절이었다. 가느다란 서로의 빛을 받아 서로서로 환했다. 바다에 내리는 눈발같이 허망한 것일지라도 그때의 어딘가로부터 긴 시간을 돌아 그 빛살이 오고 있다.

'바다에서 온 시'도 마칠 때가 됐다. 몇 편의 시로 온 바다를 둘러볼 수 없지만, 바다가 이어져 있으니 어느 방향으로 흘러도 결국은 같은 바다, 다 아득한 바닷가의 시. 시가 끝나도 너와 내가 잠긴 더 깊은 침묵에 파도 소리 밀려들고 있을까.

만리포

불꽃놀이 끝나
잠들지 않을 것 같은 것들도
잠들고

머리맡까지 쓸려 왔다가
쓸려 가는 파도소리에

뒤척일 때

먼 배의 안개경보
혼을 주욱 빨아들였다가
놓치는

브흐으응

- <브흐오>

슬프고
헛되고 아름다운지

꿈보다 해몽보다

『춘향전』의 점치는 봉사

『춘향전』은 이본이 많다. 이야기의 큰 줄기는 같으나 인물의 개성이나 장면이 이본마다 차이가 난다. 어느 이본에서 춘향이 새침한 요조숙녀 같지만 어느 이본에서는 영락없는 기생으로 비친다. 『춘향전』 완판 84장본에서 춘향이는 16세의 순진한 소녀다. 남원 광한루에서 이 도령의 부름에 놀라고 의심하여 처음부터 선뜻 응하지 못한다. 그날 밤 방문한 이도령을 단박에 맞아들여 융숭히 대접하는 현실감각을 발휘하는 사람은 어디까지나 춘향의 어미다. 월매가 딸아이의 팔자를 고치려고 그녀를 단장하여 합방시키기까지, 춘향은 자신에게 맞닥뜨린 행운(혹은 불행)의 본질을 해석할 겨를도 없이 어미의 명을 순순히 따를 뿐이다.

춘향이 극적으로 달라진 것처럼 보이는 것은 백년가약을 맺은 이 도령이 떠난 뒤 신임 사또 변학도가 수청을 요구할 때이다. 춘향은 더 이상 철없는 소녀가 아닌 정절의 투사가 된다. 혹독한 매질과 두려움, 고독이 춘향을 강철처럼 단련시킨다. 그러던 중 옥에 갇힌 춘향이 이상한 꿈을 꾼다. 꿈속에서 중국 순임금의 두 부인을 비롯해 역사 속 숱한 정렬(貞烈)

의 화신들을 대면한다. 그리고 꿈을 깨어 불길한 징조를 느끼면서 죽음을 예감한다. 해몽을 듣고 자신의 앞날도 점쳐 보고자, 때마침 옥문 밖에 지나는 봉사를 월매를 시켜 불러들이는 장면.

"봉사님 이리 오시오. 이것은 돌다리요 이것은 개천이요. 조심하여 건너시오."
앞에 개천이 있어 뛰어 볼까 한참을 벼르다가 뛰는데, 봉사의 뜀이란 게 멀리 뛰진 못하고 위로 올라가기만 한 길이나 올라가는 것이었다. 멀리 뛴단 것이 한가운데 가 풍덩 빠져 놓았는데, 기어 나오려고 짚는 게 그만 개똥을 짚었지.
"아뿔싸. 이게 정녕 똥이지."
손을 들어 맡아 보니 묵은 쌀밥 먹고 썩은 놈이로고. 손을 내뿌린 게 모진 돌에다가 부딪치니 어찌 아프던지 입에다가 훅 쓸어 넣고 우는데 봉사 눈에서 눈물이 뚝뚝 떨어진다.*

자신의 한치 앞을 못 보아서 개울에 빠지고 개똥을 먹는 봉사가 춘향이의 운세를 점치는 아이러니를 재미로 여기더라도, 그가 점을 치는 광경은 사뭇 장황하면서도 어수룩해 보인다. 칼을 차고 앉아 죽을 날을 기다리는 춘향에게 결국 그는 머지

---

* 송성욱 풀어 옮김, 『춘향전』, 민음사, 2004, 136쪽.

않아 이 도령과 재회하고 평생 한도 풀 거라고 점괘를 풀어낸다. 춘향이 덧붙여 불길한 꿈 얘기를 건넨다.

"화장하던 거울이 깨져 보이고 창 앞에 앵두꽃이 떨어져 보이고 문 위에 허수아비 달려 뵈고 태산이 무너지고 바닷물이 말라 보이니 나 죽을 꿈 아니오?"

봉사 이윽히 생각하다가 한참 만에 말한다.

"그 꿈 매우 좋다. 열매가 열려야 꽃이 떨어지고 겨울이 깨어질 때 소리가 없을쏜가. 꽃이 떨어지니 열매가 달릴 것이요, 거울이 깨어지니 어찌 소식이 없으랴. 문 위에 허수아비 달렸으면 사람마다 우러러 볼 것이라. 바다가 마르면 용의 얼굴을 능히 볼 것이요 산이 무너지면 평지가 될 것이라. 좋다. 쌍가마 탈 꿈이로세. 걱정 마소. 머지않네."

한참 이리 수작할 때, 뜻밖에 까마귀가 옥 담에 와 앉더니 까옥까옥 울거늘 춘향이 손을 들어 후여 날리며,

"방정맞은 까마귀야. 나를 잡아가려거든 조르지나 말려무나."

봉사가 이 말을 듣더니,

"가만있소. 그 까마귀가 가옥가옥 그렇게 울지?"

"예. 그래요."

"좋다. 좋다. '가' 자는 아름다울 가(嘉) 자요, '옥' 자는 집 옥(屋) 자라. 아름답고 좋은 일이 머지않아 돌아와서 평생에 맺힌 한을 풀 것이니 조금도 걱정 마소.

지금은 복채로 천 냥을 준데도 아니 받아 갈 것이니, 나중에 영귀(榮貴)하게 되는 때에 괄시나 부디 마소. 나 돌아가네."

"예 평안히 가옵시고 후일 상봉하옵시다."

춘향이 긴 한숨에 근심으로 세월을 보내니라.*

그가 자신의 권능을 과신해서 제멋대로 풀이한 것인지 아니면 정말 제대로 해몽을 해낸 것인지 알 수 없다. 불길하기 그지없는 까마귀 울음조차 좋은 징조로 해석하는 모양에 믿음이 적지 않게 가시지만, 누구나 아는 결말을 따져 볼 때 복채를 받지 않고 나중을 기약하는 봉사가 신통하단 생각도 든다. 정작 춘향 편에선 인사 삼아 후일의 상봉을 말해 놓고 근심 어린 한숨으로 세월을 보내니 그의 점괘나 해몽을 딱히 신뢰하지 않은 듯하다.

춘향이 감옥에서 온갖 시련을 겪으며 열녀로 거듭나기 전에 단지 순진한 소녀였으며, 봉사의 허술한 점괘와 해몽에라도 잠시 기대어 보려는 절망적인 인물이라 할지라도, 애초에 그녀는 절개의 표상이요 유교의 히로인이다. 춘향이는 원래부터 춘향이다. 고전소설의 히로인은 만들어지는 게 아니라 태어나는 것이기 때문이다. 따라서 봉사의 신통력이 특별할 이유가 없다. 그는 단지 헛소리를 지껄이려고, 개울에 빠지거나 똥을

* 같은 책, 140~141쪽.

핥아먹으려고 출현한 것이다.

혹은, 남원 일대에 소문이 자자한 춘향의 용모를 몸소 감별해 보려 나오기도 하는 것이다.『춘향전』경판본 30장본에 나오는 봉사 또한 소똥에 미끄러지고 개똥을 먹지만, 음험한 버릇을 감추지 않는다.

"네 일이야 할 말 없다. 매 맞은 곳이나 만져 보자."
춘향이 두 다리를 끌러 보여 준다. 헌데 점쟁이 놈이 음흉하여 상처는 만져 보지 않고 두 손으로 종아리부터 치만지며 하는 말이,
"아뿔사, 몹시 쳤구나. 김 패두가 치더냐? 이 패두가 치더냐? 바른 대로 일러라. 내게 굿날 택일하러 오면 곧 죽을 날을 택일하여 줄 것이라. 그 원한은 내가 갚아 주마."
하고, 이리 만지고 저리 만지며 점점 들어가다가 두 다리 사이 은밀한 곳을 꼭 찌른다. 춘향이 분을 못 이기어 바로 뺨을 치려다가, 점을 잘 하지 않을까 하여 좋은 말로 이른 말이,
"봉사님, 생각하여 보오. 우리 아버님과 좋은 친구 사이였는데 나의 운수가 불행하여 부친이 먼저 돌아가셨으니 봉사님은 우리 아버님과 다름이 없는지라. 체면 없이 그런 짓 마시고 점이나 잘 보아 주오."
봉사 놈이 말눈치 알아듣고 어수룩하게 대답하되,
"네 말이 옳다. 우리 사이가 부친끼리의 연분뿐만 아

니라 성이 다른 친척과도 비슷하니, 우리 동네 이 서방 팔촌 형의 외손이오. 어찌하면 복상칠촌(腹上七寸)이 될 법하니라."*

    제 다리를 쉽게 보여 주고 봉사의 손길에 당황하기보다 능숙하게 타이르는 품으로 볼 때, 이번엔 춘향이 여염집 규수보다 기생에 가까운 여인으로 느껴진다. 춘향의 몸을 과감하게 더듬거리는 봉사는 그녀를 연신 기생 다루듯 함부로 군다. 춘향이 봉사를 아버지와 다름없이 여긴다며 점이나 잘 봐 달라 간청하지만, 봉사는 도리어 서로가 복상칠촌(腹上七寸)이 될 수 있다며 기막힌 억지를 부린다. 억울하게 매 맞고 갇혀 목숨이 위태로운 춘향을 접하고도 자신의 욕망을 채우려는 봉사는 슬랩스틱 골계에 이어 음탕한 행동으로 조롱과 쓴웃음을 유발하는 역할을 한다. 춘향의 거듭된 간청에 그가 손길을 거두고 해몽을 하여 춘향의 앞날을 예고하지만, 그가 점을 치지 않아도 이 이야기의 결말은 한결같다. 다만, 이 두 번째 봉사는 『춘향전』의 결을 한층 풍성하게 하여 독자를 못내 들썩이게 하고, 사내란 것이 그가 이몽룡이든 변학도이든 늙은 점쟁이든, 어디까지나 괜찮은 여자 앞에서라면 음탕한 마음을 버리지 못한다는 진실을 확인시킨다.

   *   같은 책, 221~222쪽.

징그럽게 꿈결같이

이상 「봉별기」

    금홍이는 겨우 스물한 살인데 서른한 살 먹은 사람 보다도 나았다. 서른한 살 먹은 사람보다도 나은 금홍이가 내 눈에는 열일곱 살 먹은 소녀로만 보이고 금홍이 눈에 마흔 살 먹은 사람처럼 보인 나는 기실 스물세 살이요 게다가 주책이 좀 없어서 똑 여남은 살 먹은 아이 같다. 우리 내외는 이렇게 세상에도 없이 현란하고 아기자기하였다.*

    폐결핵 요양 차 떠난 황해도 배천에서 이상은 기생 금홍이를 만난다. 화대를 내지 않는다. 금홍이의 사업에 간섭하지 않는다. 이상이 치료를 등한히 하고 금홍이 본업에 충실하면서, 서로의 방에서 늘 함께하였다. 백부의 장례로 이상이 급거 귀경하니 일순 이별하였다. 이번엔 금홍이 서울에 와 드디어 동거가 시작되었다. 다방 '제비'를 경영하였다. 이 부실한 부부는 사랑하였다. 꿈결같이 현란하고 아기자기하였다.

    * 이상, 「봉별기」, 『이상전집』 2, 태학사, 2013, 186쪽.

스물한 살이지만 열여섯으로 뵈던, 열일곱에 낳은 딸을 돌 만에 잃은 금홍이는 화류 생활의 향수 때문인지 생계 때문인지 본업을 재개한다. 맹탕 놀기만 하는 이상을 끝내 떠난다. 이후 병이 깊어진 이상의 부름에 찾아와 간호하다가 또 떠난다. 만남과 이별이 이토록 거듭되는 동안 세월이 흘러갔다. 이번에는 이상이 초췌해진 금홍을 찾는다. 금홍이 당장 이상의 면상을 향해 목침을 던지고, 이상이 못나게 웃어 보인다. 술상을 마주하였다.

 이상의 봉별기를 감싸는 배음(背音)은 절망이다. 가족에 절망하고 사회에 절망하고 폐결핵에 절망하고 여자에 절망하고 영 가 닿지 못할 꿈에 절망하고 사뭇 절망하는 자신에 절망한다. 그 절망을 향그럽게 들이마셨다가 내뱉은 게 이상의 문학이 아닐까.
 절망을 안주로 혹은 장단으로 삼기에는 인생이 너무 짧은 것 같고 아니 너무 긴 것 같고, 어쩌면 더 복잡하게 얽혀 있어서 징하고, 붙잡을 수 없이 부옇게 흩어졌다 종내 지워지는 것이 꿈결- 꿈결만 같다. 누가 말했던가. 비극(문학)은 생에 대한 반격으로의 처절한 내지름이라고. 그러니 황홀하게 단번이라도 그 절망에 확, 불 지를 수 있다면.

밤은 이미 깊었고 우리 이야기는 이게 이 생에서의 영이별(永離別)이라는 결론으로 밀려갔다. 금홍이는 은수저로 소반 전을 딱딱 치면서 내가 한 번도 들은 일이 없는 구슬픈 창가를 한다.

　"속아도 꿈결 속여도 꿈결 굽이굽이 뜨내기 세상 그늘진 심정에 불 질러 버려라 운운(云云)."*

* 　같은 책, 191쪽.

달빛 아래서라면

이태준 「달밤」의 성북동

　어제다. 문안에 들어갔다 늦어서 나오는데 불빛 없는 성북동 길 위에는 밝은 달빛이 깁을 깐 듯하였다.
　그런데 포도원께를 올라오노라니까 누가 맑지도 못한 목청으로,
　"사……게……와 나……미다까 다메이……끼……까…….."
　를 부르며 큰길이 좁다는 듯이 휘적거리며 내려왔다. 보니까 수건이 같았다. 나는,
　"수건인가?"
　하고 아는 체하려다 그가 나를 보면 무안해할 일이 있는 것을 생각하고, 휙 길 아래로 내려서 나무 그늘에 몸을 감추었다.
　그는 길은 보지도 않고 달만 쳐다보며, 노래는 이 이상은 외우지도 못하는 듯 첫 줄만 되풀이하면서 전에는 본 적이 없었는데 담배를 다 퍽퍽 빨면서 지나갔다.
　달밤은 그에게도 유감한 듯하였다.[*]

[*] 이태준, 「달밤」, 『까마귀』, 문학과지성사, 2006, 32~33쪽.

성북동은 도심과 가깝지만 후미진 동네라는 느낌을 준다. 큰길 지하철역에서 서너 정거장을 돌아 들어가거나 뒤로 북악산 한 자락을 타고 넘어야 닿을 수 있는 곳이기 때문이다. 서울에 있는 몇몇 동네가 그렇듯 분명히 계곡물이 흐르던 자리에는 복개한 도로가 놓여 있다. 이태준 가옥인 수연산방은 바로 앞에 개천이 있기에 지어졌음 직한 집이다. 밤에 개천 물소리가 더욱 시원하게 들리고 달이라도 밝아 산책이 수월한 데라야 그 조촐한 한옥이 어울린다. 백사실 계곡 김정희의 별장 터처럼 은일하지 않고 맞은편 한용운의 북향인 심우장(尋牛莊)처럼 언덕바지에 고집스레 걸터앉지 않은 그 집은 동네 평지 한 편에 작가가 책 읽고 글 쓰려고 지은 집이다. 집이 지어진 1933년에 그는 박태원, 정지용, 이상 등과 구인회(九人會)를 결성하였다. 그는 근 13년을 그 집에 살며 2남 3녀를 기르고 신문기사를 쓰고 학교에 출강하고 문예지『문장』을 편집하였다. 그리고 거기서 가장 빛나는 단편들을 썼다. 자신의 생활을 소재로 삼기도 하였다.

「달밤」은 성북동에서 벌어지는 소설이다. 화자가 작가와 다를 것 없는 이 사소설에 '도회에서 좀처럼 볼 수 없이 어수룩한 황수건이란 인물이 등장한다. 그는 누가 보더라도 반편이 같은 인상을 띠지만 화자인 '나'는 그의 말에 곧잘 응대할뿐더러 그의 행동거지에 관심을 갖는다. '나'는 황수건 덕분에 비로소 시골스러운 동네의 정취를 체감하는 것이다. 작가는 어처구니없는 황수건의 말과 행동을 묘사하여 실소를 자아내지만 그에 대한 연민도 감추지 않는다. 그것은 황수건이 단지 우스꽝스러운 사람이라서가 아니다. 작가가 그에게서 근대화에 소외된 조선 민중의 얼굴을 번연히 드러내기 원했던 까닭이다.

그런 점에서 황수건은 그의 다른 단편소설 「불우 선생」의 불우 선생이나 「복덕방」의 서참위와 이어진다. 불우 선생이 빈궁한 처지로 동가식서가숙을 일삼는 몰락 양반이고 서참위 또한 군령을 호령하던 신분에서 떨어져 사글셋방을 찾는 기생에조차 눈치 보는 복덕방 영감일 뿐이지만, 너그러운 인정을 잃지 않고 각박한 세상에 쉽사리 굴하지 않는 인물들이다. 작가는 이들을 통해 근대화의 폐해를 비판하는 동시에 사라져 가는 전통적 인간상에 미련과 긍정의 시선을 던지고 있다. 이 노년들과 별도로도 작가는 민중의 극한 고통을 「밤길」의 황서방(타지로 일 다니는 사이 아내가 달아나 병에 걸려 죽어 가는 어린 아들을 빗속에 땅에 묻는다)으로 보여 주고, 살 길을 타개하기 위한 유이민의 눈물겨운 고투를 「농군」의 창권 일가(중국민의 폭압에 처절히 대항하며 수로로 논물을 대는 데 성공한다)로 조명한다. 그리하여 작가의 밑바닥 인물들에 대한 연민과 애정이, 현실의 구조적 모순을 양산한 채 근대화로 치장한 일본 제국주의를 향한 거부로 연결된다.

달밤의 성북동은 근대 물질문명의 손길이 완연히 미치기에는 구석지고 촌스러운 동네다. 모자란 사람으로 치부될지언정 황수건이 신문을 배달하고 어린 학생들과 어울리고 호기심 많은 작가를 만나 긷치 않은 사설을 늘어놓는 곳이다. 자신에게 살가운 작가에게 무어라도 보답하지 않으면 못 배기는 충정에, 그가 엉겁결에 훔친 포도 다섯 송이를 건네는 곳이다. 그리고 동서의 구박 탓에 달아난 아내 생각으로 달밤에 슬픔은 깊어져, 잘 모르는 노래마저도 그저 읊조리고 싶은 뒷모습을 들키는 곳이다.

장수는 오지 않는다

최인훈 「옛날 옛적에 훠어이 훠이」

모든 것이 느릿느릿하다. 첫째 마당부터 남편을 기다리는 아내의 행동이 느리게 그때마다 생각난 듯 이어진다. 지시문이 시행처럼 낱글로 배치되어 있어 내용을 기능적이기보다 정서적으로 받아들이게끔 하면서 희곡을 더욱 더디게 읽도록 한다. 남편은 또 어떤가. 지독한 말더듬이다. 남편의 대사는 답답함을 최고도로 가중시킨다. 애초 '작가의 말'에도 "대사·움직임이 모두 느리게, 그러면서 더듬거리는 분위기가 나오도록 하는 것이 좋으며"라고 명시되어 있다. 이와 더불어 "인물들은 거의 인형처럼, 조명·음향, 그 밖의 연출수단의 수단처럼 연출할 것"이라 지시되어, 관객들이 참지 못하고 벌떡 일어나 항의하거나 따분하고 졸려서 그만 좁은 객석에서 굴러떨어지도록 유도하고 있다. 관객들에게 이토록 불편한 실험극의 형식에는 역시 처음의 지시처럼 "스스로의 운명을 따지고 고쳐나갈 힘이 없는 사람들의 무겁고 어두운 이야기"라는 비극적 테마를 드러내려는 작가의 의도가 배어 있다. 그 힘없는 사람들의 모습은 어떤가.

마을사람 2	저것 보게, 저기
사람들	아니, 저 세 식구가 말을 타고 하늘로 올라가는군
	꽃을 던지는군
	가거든 옥황상제께 여쭤주게. 우리 마을에 다시는 장수를 보내지 맙시사구
	사람들이 한마디씩 하자
	하늘에서
하늘에서	우리 애기
	착한 애기
사람들	훠이 다시는 오지 마라, 훠어이 훠이 (밭에서 쫓는 시늉을 하며)
하늘에서	젖 안 먹고 크는 애기……
사람들	훠이 다시는 오지 마라, 훠어이 훠이[*]

  사람들이 어쩌면 자신들을 구원하러 왔을지 모를 아기장수를 내쫓고 있다. 마을과 가족에 불행이 끼칠까 봐 말더듬이 아버지가 눌러 죽인 아기가 재생하여 목을 매단 어머니를 살려 내고 아버지까지 용마에 태워 승천하는 대목에서, 아기장수의 죽음과 패퇴라는 비극은 소멸된다. 문제는 세상에 남아 끝 모를 착취를 당해야 하는 마을 사람들의 비극이다. 스스로

---

[*] 최인훈, 『옛날 옛적에 훠어이 훠이』, 문학과지성사, 2015, 155~156쪽.

저항할 의사가 없고 자신들을 이끌 구세주마저 새를 쫓듯 멀리 쫓아 보내는 현실 속 무력한 장삼이사에게 극의 초점이 맺히는 것도 이 때문이다. 마을 사람들이 신이 내린 듯 흥겹게 추는 춤이 고통을 승화하고 한을 제거하려는 잠시의 씻김이더라도 그들에게 또 다른 미래가 있을까. 그렇다면 이 희곡이 가는 방향은 비관론일까 비판론일까. 스스로를 구할 수 없는 사람들이 다음번에 아기장수를 살해하지 않을 용기를 낼 것인가? 아기장수마저 없다면 그나마 혁명은 불가능한 것일까?

 아기를 더 이상 죽이지 않기로 혁명적인 합의를 이룬 뒤에도, 꿈속에서 간절히 기다리던 아기장수는 오지 않을 것이다. 아기장수를 자처하는 자의 목소리는 평범한 사람보다 조금 더 우렁찰 뿐이다. 겨드랑이의 작은 날개도 눈을 속이기 위해 붙여 놓은 장식이고, 그를 태우러 온 용마도 에버랜드에서 퍼레이드를 뛰다 온 서양말일 것이다. 장수는 오지 않는다. 왜냐하면 장수는 없기 때문이다. 장수 없이 혁명을 이룰 수 있다는 믿음을 가진 사람들만이 스스로를 구원할 수 있으므로, 허상뿐인 장수를 훠어이 훠이 멀리 쫓아 보내고, 오로지 각자 저마다 장수가 되기로 꿀꺽 마음먹는 날이 올 것인가.

순금의 시,
변화의 목전

손필영 시의 행보

두부 할아버지가 종소리를 앞세워 저쪽 골목 끝에서 오고 있습니다. 모판에 그대로 핀 서광꽃도 종소리에 맞춰 일렁거리고, 나도 그 소리에 맞춰 걸어갑니다. 할아버지와 내가 서로 스며들다 보니 할아버지의 왼쪽 가슴이 무척 밝았습니다. 아직 해를 품고 계시군요. 어느새 나도 동소문동 주민이 될 것일까요. 가늘게 뻗쳐오는 황금빛 한줄기.

(…)

잠들어도 시간에 쫓기는
나는 709호에 살고 있네요
구민회관 옆 넓은 마당을 좁게 걸어 돌아오면
706-7-8호로 기울던 해가 710-11호로 줄지어 넘어가네요
709호는 거치지 않네요. 빛을 기억하라고. 빛을 내라고?

― <빛을 기억하라고?> 부분

손필영 시인이 조선일보 신춘문예 등단작 〈빛을 기억하라고?〉를 발표하며 세상에 나왔을 때 시에 등장하는 "빛"이 인간의 조건을 넘어서는 절대적인 무언가의 의미로 다가왔다. 할아버지의 왼쪽 가슴에서 발견한 해가 다른 집은 다 거쳐 지나가지만 '나'가 살고 있는 집을 거치지 않는 것이, "빛을 기억하라고. 빛을 내라고?"라는 시적 자아의 깨달음과 다짐을 이끌어 내기 위한 것이었다면, 멈추지 않고 시를 쓰는 것으로 빛을 간직하려고 한 시인의 결심이 여전히 이행되고 있을까.

시인은 동소문동 집을 나서 일월산과 백두대간, 몽골, 피렌체와 예루살렘 등을 거쳐 최근에는 군사분계선에 가까운 파주에서 산책하며 시를 꿈꾸고 있다. 몸은 파주를 거닐지만 정신은 몽골에서 지평선을 거듭해서 넘고 있다. 그곳에서, 늘 그렇듯이 꿈꾼다는 것이 절망과 힘겹게 맞서는 행위라는 것을 여실히 보여 주고 있다.

  땅 깊숙한 곳에서
  사막 한가운데로 솟아오른 흙산

  사람들은 땅의 진동을 받으려고
  가슴을 땅에 맞춘다

  나도 그 진동 소리에 끌려 울란바타르에서 열 시간

기차를 타고, 지평선을 넘고 넘고 초승달을 이고 이고
달려와 흙산을 본다, 남자만 산을 오를 수 있다고? 여
자가 오르면 둥근 지평선에 재앙이 온다고?

− <생샹스 에네르기 쎈타>

  손필영의 시에서 절망은 인간이 쌓아 올린 온갖 제약에서 온다. "땅의 진동"을 받으려고 하루 종일 기차를 타고 찾아간 생샹스에서 남자가 만들어 놓고 여자가 통과할 수 없는 벽을 실감한다. 시인은 의심하고 질문하면서 그 벽을 조금씩 허물어뜨리려고 한다. 그럼에도 그녀의 시가 여성주의로만 귀결되지 않고 그 절망의 감응을 역사의 현장으로 이어 나가도록 하는 힘은 무엇일까?
  먼발치로나마 북한 땅을 볼 수 있으나 민족의 앞날은 전망할 수 없는 오두산 전망대에서, 시인은 하루 일을 마치고 깃발을 든 채 줄 서 돌아오는 얼굴들에게 "미소로 그 앞에 설 수 없을까"라고 묻는다. 그리고 "갈 수 없는 망초 사잇길"을 바라보며 역사가 드리워 놓은 제약을 절감한다.(〈망초 사잇길−강 건너 마을을 향해〉) 그러한 절망은 6·25전쟁의 비극이 서려 있는 철원에서 "쇠비름 망초 뒤엉킨 흙먼지 쌓인 길을 굽은 어깨로" 걸어가서 초소를 통과하는 "얼음 파는 할아버지"로 향하기도 하고, 소나무에 내려앉은 하얀 학들을 그때 죽은 영혼으로 여기는 시선으로 드러나기도 한다.(〈월하리에서 2〉)

그 절망의 시간에 시인은 두 갈래로 놓인 길에 서 있다.

시장과 도서관과 매음굴이 이어진 고대 도시의 길가에서, 흩날릴 것 같은 옷 조각에 목이 떨어진 석상과 우뚝 솟다 무너진 돌기둥이라는 허무한 영광의 흔적을 앞에 두고, 드디어 신성(神性)을 맞이하기 위하여 혼란과 타락의 인간을 말소시킨다.

> 바람 따라 흐를 것 같은 비단 옷을 입은 모가지 없는 석상
> 어디든 소리 지를 기세로 솟아오르는 석상에, 돌기둥에, 박힌 이름들
>
> 에베소, 그 하늘 밑
> 인간들 사라지고
>
> —〈에베소, 그 하늘 밑〉 부분

그리고 앞서 〈월하리에서 2〉에서 다른 한쪽 길을 걸어 벽이 숭숭 뚫린 노동당사를 지난 허리 굽은 할아버지가 얼음을 내려놓는 모습을 시인은 아직도 바라보고 있다. 할아버지가 허리를 쫙 펼 때, 신작로가 살아나고 아이들이 스치는 마술 같은 광경을 목도하면서 변화의 순간이 임박했다는 것을 느낀다.

시인은 TV 생중계를 통해 거짓말 같은 광경을 지켜본다. 철

책 사이로 총구를 마주 향한 남과 북의 정상이 손을 잡고 웃으며 아무렇지 않게 분계선을 넘어갔다 넘어오는 것을 본다. "인공기와 태극기가 한쪽에서 다른 한쪽으로 펄럭인다"(〈회담 2-2018년 4월 27일 DMZ〉)가 현실의 제약이 드디어 무너질 조짐을 보여 주는 상징적인 장면이라면, 땅의 진동을 받으려고 달려온 몽골의 생샹스에서 시인이 흙바람이 몰리는 지평선을 바라보는 마지막 부분은 변화의 순간을 뜨겁게 감지하는 장면이다.

그 두 갈래의 길은 보이지 않는 곳에서 이미 합쳐져 있다. 어쩌면 정해진 길을 더 이상 길로 여기지 않고 마음이 생명이 끌리는 대로 걸어가야만, 지평선을 몰아치며 야생말처럼 달려야만, 변화의 한순간이기도 한 그 길의 끝에서 기다리던 순금의 시가 탄생하는 것인지도 모른다.

> 그 길? 길도 없는 곳에서
> 나는 산 주변을 갈지자로 돌다
> 흙바람 몰리는 곳을 바라본다
>
> 지평선을 몰아치며 달리는 말 한 마리
> ─ 〈생샹스 에네르기 쎈타〉 부분

살아남은 자가
살아 있다면

한강 『소년이 온다』

마지막 학력고사를 치르고 대학에 입학했다. 내 삶이 바뀐 것처럼 세상도 바뀌었다. 이미 전 해에 군인이 아닌 민간인이 대통령에 취임하였다. 캠퍼스에 데모가 확연히 줄었다. 대학생들은 서태지의 새로운 음악에 매료됐다. 김건모의 댄스곡과 김종서의 발라드가 길거리에 심심찮게 흘러나왔다. 아직 서먹서먹하던 동기 여학생들과 소극장 장기 공연으로 기록을 세우던 김광석의 대학로 샘터 파랑새 극장 콘서트에 다녀오기도 했다.

어느 날 강의실에 사진집이 돌았다. 광주민주화항쟁의 참상을 기록한 사진이었다. 얼굴이 뭉개지고 찢긴, 꿈에 나올까 무서운 장면들이었다. 불과 십여 년 전에 광주에서 일어난 일이라고 했다. 기가 찼다.

그로부터 얼마 뒤 선배 형과 남도 여행 중 광주에 들렀다. 후텁지근한 날이었다. 금남로를 향해 걷다가 마주 오던 내 또래 청년에게 길을 물었다. 분명치 않지만 서울 말씨에 거부감을 일으키는 것처럼 쌀쌀맞고 퉁명스러웠다. 금남로에 인파가 붐비고 있었다. 바로 이곳이 공수부대원들이 죄 없는 시민들을 무참히 해치던 곳이라니. 날이 찌고 음악이 왕왕 울리고 차량이 번잡한 오후. 억눌린 분노와 절망이 차 있는 것처럼 느껴졌고, 그것이 곧 터질 것 같은 불발탄으로 묻혀 있는 것처럼 여겨졌다.

그로부터 십 년 뒤 다시 광주에 갔다. 같은 여름이지만 무덥게 찌는 날씨는 아니었다. 호남 출신의 대통령이 광주의 학살자들을 법정에 세우고, 그때의 희생자를 민주화운동 유공자로 인정했다. 국립묘지로 탈바꿈한 망월동에 갔다. 광주 시내에서 한참 떨어진 외곽에 있었다. 새로 단장했다는 묘역은 4·19 국립묘지 못지않았다. 뒤편에 있는 구 묘역으로 갔다. 둥성이에 무덤이 줄지어 있었다. 묘비에 대개 젊은 얼굴의 사진과 유족의 마지막 인사가 남아 있었다. 무덤 사이를 조용히 걸었다.

시내로 돌아와 전에 그 거리를 둘러보았다. 각종 은행과 증권사 빌딩이 낯설게 들어차 있었다. 절망과 울분의 기운은 찾아볼 수 없었다. 많은 게 해결된 듯 보였지만, 이래도 될까, 이렇게 평온하게 지내도 되는 걸까, 하는 생각이 떠나지 않았다. 세상이 어떻게 잘못 돌아간다는 느낌이었다. 단지 이래도 될까.『소년이 온다』를 집필하던 2013년 1월, 소설 속에서 작가가 결혼식에 참석했다가 화려한 예식장과 화사하고 태연한 사람들을 낯설게 느꼈던 것도 그와 같지 않을까. "믿을 수 없었다. 사람이 얼마나 많이 죽었는데."

　김수영 식으로 말하자면, 『소년이 온다』는 온몸으로 쓴 소설이다. 한강이 이사 간 광주 집에 살았던 소년의 이야기. 어쩌면 그 소년이 자신이었을지도 모른다는 부채감 속에, 절실하게 그때의 고통을 몸과 영혼으로 감내하면서 이루어 낸 증언이다. 신대철의 시 〈실미도〉와 신경숙의 소설 「외딴방」을 읽을 때처럼 독자도 끙끙 앓는다. 그걸 쓴 사람은 어땠을까. 그 일을 실제 겪은 사람은 어떤 지옥이었을까. 상상할 수가 없다. 상상할 수 없다는 것만큼 죄스러운 일이 있을까. 죄가 아득한데 손목이 말뚝에 매여 있다. 그렇더라도, 그럴 수 없더라도, 상상해야 한다. 써야 한다. 남기지 말고, 중단 없이 끝까지. 소설가가, 시인이, 무수한 온몸들이. 살아남은 자가 아직도 살아 있다면.

　　너무 늦게 시작했다고 나는 생각했다.
　　이곳의 바닥이 파헤쳐지기 전에 왔어야 했다. 공사 중인 도청 건물 바깥으로 가림막이 설치되기 전에 왔어야 했다. 모든 것을 지켜본 은행나무들의 상당수가 뽑혀나가고, 백오십년 된 회화나무가 말라죽기 전에 왔어야 했다.
　　그러나 이제 왔다. 어쩔 수 없다.
　　점퍼의 지퍼를 끝까지 올리고, 해가 질 때까지 여기

있을 것이다. 소년의 얼굴이 또렷해질 때까지. 그의 목소리가 들릴 때까지. 안 보이는 마룻장 위를 걸어가는 그의 뒷모습이 어른어른 비칠 때까지.*

* 한강, 『소년이 온다』, 창비, 2014, 200쪽.

열정과 선의의 청춘

장류진 『일의 기쁨과 슬픔』*

"계속 직진. 그렇지."
"잘하고 있어. 잘하고 있어."
—「연수」에서

장류진의 소설에는 국물이 없다. 작가가 표현하려 했다가 표현하지 않은(못한) 미지근한 잔여물이 없다. 하물며 감상기나 허세, 잔망스런 트릭도 없다. 구태여 하이퍼리얼리즘이라고 할 것까지 없지만, 사무실 파티션 사이처럼 조밀한 도시공간에서 벌어지는 소통과 갈등, 여기서 풍기는 짠내와 더불어 그래도 여기서 살아 내기 위한 생활의 셈법이 실감 나게 돌아간다.

예정에 없던 동기 언니에게 청첩장을 주면서 예상되는 축의금과 밥값이 천 원 단위로 계산되고(「잘 살겠습니다」), 보스에게 미움을 사 일 년 동안 월급 대신 포인트를 받는 인물이 점심시간 중고거래로 동분서주하고(「일의 기쁨과 슬픔」), 직장인

* 장류진, 『일의 기쁨과 슬픔』, 창비, 2019.

신혼 여성이 도우미 아주머니에게 추가로 창틀 청소를 부탁하기 위해 다급히 제외해야 할 빨래, 설거지를 떠올리고(「도움의 손길」), 첫 출근길 한여름 버스 정류장에서 아이스아메리카노를 할인된 테이크아웃 가격으로 마시려다 실패하며(그 가격은 뜨아만 해당) 땀에 젖은 정장 차림으로 택시를 타게 되는(「백한번째 이력서와 첫번째 출근길」) 실생활의 화면이 장류진의 소설에 내내 펼쳐진다.

그의 소설 속 축의금으로 "만이천원을 내면 만이천원짜리 축하를" 돌려받는 자명한 세계는, 노동이 탄압받고 소외당한 사람들이 분연히 떨치고 일어나는 리얼리즘의 세계도 아닐뿐더러, 한때 칙릿소설로 분류되던 『달콤한 나의 도시』와 같은 변형된 로망의 세계도 아니다. 물론 현실에 적응하지 않아서(못해서) 한 번에 떴다 몰락해 버리는 뮤지션의 불행을 통해 불가해한 검은 장막으로 드러나기도 하지만(「다소 낮음」), 주인공 여성이 전 회사 동료인 풋내기 남성의 하룻밤 기대를 유쾌하게 뒤엎고(「나의 후쿠오카 가이드」), 성매수를 하러 거듭 잘못 찾아오는 남자들의 캡처만 방에 붙여 놓은 채 훌쩍 이사를 떠남으로써(「새벽의 방문자들」) 얼마든지 자신의 의지에 따라 운신할 수 있는 세계이다.

거기에서는 또한 예기치 않게 조력자들을 만날 수 있어서, 원치 않던 데 취직하여 분투하던 주인공이 이국의 공항에서 만난 할아버지에게서 받은 사진을 다시 꺼내어 위안을 얻고

(「탐페레 공항」), 미심쩍어 보이던 운전 연수 강사에게서 혼자 새롭게 자기 길을 헤쳐 나갈 수 있다는 영감을 얻는다(「연수」, 『연수』, 창비, 2023). 그리하여 주인공이 티 나는 배려는 아니더라도, 어설프고 눈치 없어 보이지만 미워할 수 없는 누군가(「잘 살겠습니다」의 빛나 언니, 「일의 기쁨과 슬픔」의 케빈)에게 애틋한 시선을 보이기도 한다. 다시 말해 그 세계에는 고생스럽지만 당당하게 일어나, 세상의 선의를 믿고 나아가는 자아가 있다. 조성진의 홍콩 리사이틀에 가기 위해 적지 않은 시간과 돈을 쓰는 안나처럼(「일의 기쁨과 슬픔」), 아마 그는 누가 뭐라든 자신이 가치를 두는 거라면 무심히 돌진할 수 있는 사람이 아닐까.

  천 원 단위의 셈법으로 있어야 할 일상을 그리는 경쾌한 문체와, 역사나 정치, 실존의 무게를 걷어치운 쿨한 작가적 태도에 대해, 현실을 지나치게 단순하게 보는 건 아니냐고 지적할지 모른다. 일의 기쁨과 슬픔으로만 담보할 수 없는 세계의 토대와 심부를 향해 소설적으로 접근하라는 주문이 던져질지 모른다. 그럼에도 장류진에게 신뢰를 가질 수 있는 건, 작품을 읽을 때마다 느껴지는 그만의 독특하고 순수한 에너지 때문이다. 모르면서도 믿고 알면서도 잊어버리며, 잘 못 산다 느끼면서도 어쨌든 잘해 보려 다짐하고 다짐하는 청춘의 열정과 선의 때문이다. 어떤 인간이든 그것 빼면 뭐가 남나? 자문해 보고, 다시 한번 장류진을 신용하고 애정하기로 작정하면서.

불멸과 절멸

오르한 파묵 『내 이름은 빨강』

16세기 말 이스탄불의 술탄을 위해 그림을 그리는 화원(畵院)의 우두머리이자 최고 장인인 오스만은 일생을 예술에 바친 사람이다. 불만투성이에 성격이 괴팍하고 누구에게나 호통을 치는 이 노인을 주위 사람들이 죄다 싫어한다. 등 뒤에서 비난의 화살을 날린다. 그러나 그는 자신을 비롯해 심술궂은 역대의 예술 거장들에게 쏟아지는 공격이 허무맹랑하다고 여긴다. 진실은 이러하다고 말한다.

  1. 진정으로 좋아할 만한 새로운 것이 없기 때문에, 우리는 그 어떤 새로운 것도 좋아하지 않는 것이다.
  2. 우리가 인간들을 바보 취급하는 까닭은 우리 자신의 분노나 불우함 혹은 어떤 결함들 때문에 성격이 비뚤어져서가 아니라, 실제로 인간들 대부분이 바보이기 때문이다. (그럼에도 그들에게 너그러운 태도를 취하는 편이 우리 입장에서 보면 훨씬 사려 깊고 영리한 행동이 될 것이다.)
  3. 내가 그토록 많은 사람들의 이름과 얼굴을 잊어버리고 혼동하는 까닭은(물론 도제 시절부터 내가 사

랑하며 키웠던 세밀화가들은 예외다.) 내가 노망이 들어서가 아니라, 아무 빛깔도 없이 흐리멍덩한 이름이나 얼굴은 기억할 가치가 없기 때문이다.*

응당 대가들이 보이는 차가운 눈초리나 퉁명스러움에 상처받은 사람이라면 무턱대고 그들의 심성을 탓하려고 하지만, 오스만이 말하는 진실을 살피자면 그 예술가들이 아무 뜻이 없고 색채도 없는 사람과 일상에 역겨움을 느끼는 것도 무리가 아니다. 왜냐하면 그들은 절대적인 아름다움에만 가슴이 뛰고 오로지 신이 바라보는 것을 바라보려는 존재이기 때문이다. 그도 그럴 것이 오스만이 살인범의 단서를 찾고자 술탄만이 들 수 있는 국고(國庫)에 들어가 온갖 고귀한 세밀화를 감상하면서, 신과 예술의 종복으로서 내보이는 찬탄과 감사의 모습에 냉담히 가시 돋친 언사의 흔적이 온데간데없다.

나는 술탄을 위해 몇 년간 전쟁과 축제 그림을 그려왔다. 그래서 잊고 있었던, 우아하고 섬세한 감정을 가진 그림의 세계에 슬픔과 부끄러움을 갖고 조용히 미끄러져 들어갔다. 어떤 화집에서는 책 한 권을 안고 있는, 빨간 입술에 허리가 가는 페르시아 소년을 보고, 금과 권력에 약한 왕들이 잊고 있는 것들, 즉 모든 아름다움은 신의 것이라는 사실을 기억해 냈다. 다른

* 오르한 파묵, 이난아 옮김, 『내 이름은 빨강』 2, 민음사, 2004, 55쪽.

화집에서는 에스파한 출신의 한 젊은 장인이 그린 서로 사랑하는 두 명의 젊은 연인을 보고서, 내 도제들의 그림에 대한 사랑이 떠올라 눈물을 흘렸다. 앵두 같은 입술, 아몬드 같은 눈, 오뚝한 코와 버들가지 같은 몸매를 가진 아름다운 처녀가 있었다. 처녀는 그림처럼 발이 작고 피부가 투명하며 호리호리하고 근육이 적은 젊은이와 함께 있었다. 젊은이는 입을 맞추고픈 충동을 일으키고, 죽고 싶은 마음까지 들게 하는 가느다란 팔을 단정하게 드러내놓고, 사랑의 힘과 그녀를 향한 사랑을 증명하기 위해 살갗을 태워 만든 세 개의 작고 깊은 사랑의 징표인 문신을 내보였다. 처녀는 그것을 마치 세 송이의 아름다운 꽃을 보듯 감탄하며 바라보고 있었다.*

  이 장인은 완벽한 그림 바깥에서는 생의 희열을 느낄 수 없다. 하물며 신에 대한 사랑과 신이 본 세상에 대한 사랑을 더 이상 표현할 수 없을 때에는 살아가는 의미조차 찾을 수 없다. 그리고 오랜 세월에 걸쳐 전수되었으며 자신이 온 생을 걸고 고수했던 화풍이 점차 서양의 방식에 영향을 받아 절멸하고 말리라는 사실을 오스만은 아프게 예감한다.
  앞서 술탄이 오스만의 라이벌인 에니시테에게 은밀히 책 제작을 명하였다. 베네치아의 군주에게로 보낼 책에 서양의 원

---

* 같은 책, 186~187쪽.

근법이나 사실적인 초상화 기법이 반영된 그림이 수록되는 걸 용인하고, 에니시테가 오스만의 제자들에게 그들의 방법과는 전혀 다른 창작 방식을 주문하면서 비극이 싹텄다. 서양 그림 기법을 받아들이는 것이 신에 대한 불경이자 악마의 꾐에 빠지는 일이라 인식한 한 화가가 동료를 해치고 곧이어 에니시테마저 살해한다. 에니시테의 조카이자, 그의 딸과 가까스로 결혼한 카라는 아내를 전 남편의 집에 빼앗기고 장인의 살인범으로 몰릴 처지에 놓인 채, 오스만과 함께 술탄의 기획을 망친 범인을 색출하여 자신에게 닥칠 위기와 불행에서 벗어나려 한다. 카라의 절박함과 상관없이 국고에서 온갖 명화들에 빠져 있던 오스만은 자신이 생명처럼 지켜온 화풍이 사라지고 서양의 기법을 받아들여야 할 운명을 느끼자, 자신이 흠모하던 거장 비흐자드가 그랬던 것처럼 바늘로 스스로의 눈을 찌른다. 그러면서 전 시대를 풍미한 대가들이 노년에 이르러 숱하게도 장님이 된 것이, 자연스레 찾아온 신의 축복이라기보다 변절하는 화풍에 굴복하지 않으려는 최후의 방책일 수 있었다는 걸 깨닫는다.

베네치아에서 충격적으로 대면하고 온 회화를 술탄에게 설명하고 서양의 형식을 도입하도록 설득한 에니시테도 그런 점에서 그의 경쟁자인 오스만과 다르다고 할 수 없다. 그는 그 불멸의 예술이 계속될 수 없다는 것을 누구보다 잘 알고 있었다. 심지어 살인자가 그의 방에 뛰어들어 위대한 그림이 담긴

책이 영원히 남을 거라고 하자, 에니시테 자신의 목숨을 부지하지 못할 것을 알면서도, 기어이 그의 말에 반대하였다.

종국에는 우리의 화풍이 죽을 테고, 우리의 색은 빛이 바랠 걸세. 우리의 책과 그림에 아무도 관심을 갖지 않게 될 거야. 관심을 갖게 되는 사람이 있다 하더라도 아무것도 이해하지 못하거나, 입을 비죽거리며 왜 이 그림에는 원근법이 사용되지 않았느냐고 묻겠지. 책도 전혀 남지 않을 거야. 왜냐하면 무관심에다 세월과 여러 가지 재앙이 합세해서 우리의 책들을 서서히 먹어치울 테니까. 책 제본에 쓰이는 아랍산 풀에는 물고기의 뼈와 꿀이 들어가 있고 종이는 계란과 녹말로 만든 아교로 광택을 내기 때문에 흰개미들, 수천 가지의 벌레들이 우리의 책을 사각사각 갉아먹어 버릴 걸세. 제본이 떨어져 나가고 페이지들은 산산조각이 나겠지. 도둑이나 생각 없는 하인들, 아이들, 화로를 피우는 여자들이 책과 그 속의 그림들을 아무렇지도 않게 뜯어낼 걸세. 아이들이 연필로 왕자의 그림을 엉망으로 만들고, 그림 속 인물들의 눈에 구멍을 내고, 책장으로 콧물을 닦고, 가장자리 가득 낙서를 할 걸세. 그리고 벌을 내린다면서 그림을 찢고 자를 걸세. 어쩌면 다른 그림을 만들기 위해, 또는 놀고 즐기는 데 써먹기도 하겠지. 여자들이 우리의 그림을 부도덕하다며 찢는 동안, 남자들은 우리가 그린 여인들의 그림을 보며 자위행위를 하고 그 위에다 정액을 쏟을 거야. (…) 최근 100년간 사마르칸트에서 이스탄불에 이르는 지역에서 수천 명의 견습생들이 눈물을 흘리며 매를 맞은 덕분에 완성될 수 있었던 멋진 도자기와 카펫의 문양들. 자네가 아직도 변함없는 열정으로 그리는 아름다운 정원의 솔개들. 죽음과 전쟁 장면. 우아하게 사냥하는 술탄과 역시 우아하게 도망치는 겁먹은 영양들. 죽은 왕들, 포로로 잡힌 적들, 이교도들의 범선, 적의 도시. 자네가 연필로 그린, 어두운 지붕처럼 반짝이는 어두운 밤과 별들. 유령 같은 삼나무. 자네가 빨간색으로 칠한, 사랑과 죽음의 그림들. 이 모든 것이 결국 언젠가는 사라지고 말 걸세.*

---

* 오르한 파묵, 이난아 옮김, 『내 이름은 빨강』 1, 2009, 민음사, 305~306쪽.

악당의 품격

표도르 도스토예프스키 『죄와 벌』의 스비드리가일로프

두냐는 권총을 들어 올렸으며 죽은 사람처럼 창백하고 핏기가 싹 가신 아랫입술을 파르르 떨면서 불꽃처럼 이글거리는 커다란 검은 두 눈으로 그를 쏘아보았는데, 결심을 굳히고서 저쪽에서 처음으로 움직일 순간을 기다리고 가늠하는 중이었다. 그는 그녀가 이토록 아름다운 것을 결코 본 적이 없었다. 권총을 들어 올리는 순간 그녀의 눈에서 번득인 불꽃이 그를 태워 버릴 것 같았고, 그의 심장이 고통스럽게 죄어들었다. 그가 한 발짝을 내딛자 총성이 울려 퍼졌다. 총알은 그의 머리카락을 스치고 뒤쪽 벽에 맞았다. 그는 걸음을 멈추고 조용히 웃었다.[*]

스비드리가일로프는 악당이다. 라스콜니코프의 범행 전모를 엿듣고 그것을 빌미로 그의 여동생 두냐를 자신의 방으로 유인하는 데 성공한다. 계획에 따라 옆방 사람들이 없는 사이 방문을 잠그고 궁지에 몰린 먹잇감에게 다가간다. 두냐가 권

---

[*] 표도르 도스토예프스키, 김연경 옮김, 『죄와 벌』, 민음사, 2012, 403~404쪽.

총을 꺼낸다. 위험에 놓인 스비드리가일로프가 느끼는 것은 공포가 아닌 황홀경이다. 떨면서 총구를 겨누는 두냐의 두 눈이 뿜어내는 강렬한 아름다움 때문이다. 그는 총알이 머리를 스쳐가고 다시 날아오는 순간을 기다리며 음울한 웃음을 짓는다. 아름다움을 미끄러운 손바닥에 쥐려 한다.

두냐가 빈한한 가족을 위해 약혼한 루쥔도 악당이다. 자신의 관직과 재력을 이용해 순종적인 아내를 맞으려 하나 라스콜니코프의 분노와 방해로 파혼에 이른다. 자존심에 상처를 입고 만회하려 계략을 짠다. 몸을 파는 소냐가 자신의 돈을 훔친 것처럼 꾸미고 그것을 사람들에게 공표하여, 소냐를 용서하는 자신을 높이는 동시에 그녀를 감싸왔던 라스콜니코프와 두냐를 이간질하려 한다. 이마저 목격자의 결정적인 증언으로 무산되고 도리어 악행이 공개되어 지탄을 받는다.

젊고 오만한 루쥔이 어설픈 악당이라면, 루쥔의 엄청난 재산가인 친척과 결혼하고 홀아비가 되자마자 여자들을 물색하는 스비드리가일로프는 완전한 악당이다. 라스콜니코프가 살인을 한 것을 알지만 협박을 위해 그것을 활용할 뿐 신고하지 않는다. 누가 누구를 죽이든 자신과 아무 상관이 없기 때문이다. 그보다는 능수능란하게 사태를 자기에게 유리하게 만들면서 도움이 필요한 사람들에게 흔쾌히 돈을 쓴다. 오히려 살해 경력에서는 그가 앞선다. 권총을 움켜쥔 두냐에게서 밝혀지듯, 스비드리가일로프가 빚 때문에 감옥에 갇혔을 때 그를 구해 주고 보살핀 연상의 아내를 독살한 것도 그이기 때문이다. 그녀의 재산을 빼앗고 당시 가정교사였던 두냐를 손아귀에 넣으려고 실행한 살인이 악행의 전부가 아니다. 소설 앞 장면에서 하인에게 폭압을 가하고 미성년자를 꾀어 즐기다 모두 자살하게 만든 과거가 발설된다. 마지막 그의 꿈 장면, 창녀의 얼굴을 한 어린아이에게 환멸을 느끼고 내치려는 부분에서 소아성애자로서의 행적이 암시되기도 한다.

이 대담하고 교묘한 악당은 그러나 아름다움을 탐닉하고 사랑을 구하는 낭만주의자이자 그것을 완전히 무(無)로 돌릴 줄 아는 허무주의자이다. 두냐가 두 번째로 권총을 발사하고 불발한 권총을 내던지자, 그는 다가가 한 손으로 지그시 그녀의 허리를 껴안는다.

"나를 놓아줘!" 두냐가 애원하며 말했다.

스비드리가일로프는 몸서리를 쳤다. 이 놓아줘라는 반말은 이미 아까와는 사뭇 다른 느낌이었다.

"그럼 사랑하지 않는 건가?" 그가 조용히 물었다.

두냐는 부정의 뜻으로 고개를 내저었다.

"그리고…… 그럴 수도 없고……? 절대?" 그가 절망에 차서 속삭였다.

"절대!" 두냐가 속삭였다.

스비드리가일로프의 마음속에서는 무언의 끔찍한 투쟁의 순간이 지나갔다. 뭐라 형언할 수 없는 시선으

로 그는 그녀를 바라보았다. 그러다 갑자기 손을 거두
고 몸을 돌리더니 빨리 창가로 물러나 그 앞에 섰다.*

그는 방문 열쇠를 꺼내 놓는다. 두냐가 방을 뛰쳐나가자 그도 권총을 호주머니에 넣고 나간다. 소냐를 찾아가 그녀에게 돈을 남기고 라스콜니코프의 범행에 함묵하겠다고 약조한다. 자신이 베푼 선행은 비밀에 부쳐 달라 부탁하고, 아메리카로 떠난다며 거리로 나선다. 안개 낀 새벽, 소방 망루 앞에서 자신의 관자놀이에 권총을 쏜다.

그가 비장하게 굴지 않으면서 깨끗이 자살했다고 칭찬하는 것이 아니다. 다만 그는 이 소설의 절대적인 악당으로서, 전당포 노파를 사회에 해악을 끼치는 이[蝨]로 보고 도끼로 죽인 라스콜니코프와 비견된다. 선한 목적으로 악한 실험을 감행한 라스콜니코프는 원래 착한 사람이다. 가난한 고학생이면서 자신의 돈을 털어 병든 동료를 돕고 길거리에서 사고를 당해 죽은 소냐의 아버지 마르멜라도프의 장례식에 어머니가 어렵게 보낸 돈 전부를 바쳤다. 그럼에도 그가 끝까지 뉘우치지 않은 범행을 옹호할 수 없다. 살인 뒤 양심의 울림에 괴로워하며 자신이 전당포 자매를 죽여도 괜찮은 비범한 인물이 아니라는 자각에 수치심을 느끼는 것만으로 단죄가 될 수 없다. 왜냐하면 악한 수단이 선한 결과를 빚을 수 없고, 살인의 죄

---

* 같은 책, 405~406쪽.

악이 진실하고 처절한 사죄 없이 절대 씻기지 않기 때문이다.

뉘우치지 않는다는 점에서 두 사람이 겹치지만, 유형지의 어느 봄날 아침 라스콜니코프가 갑자기 소냐의 무릎을 끌어안고 울음을 터뜨린 것을 하나의 회개로 인정할 수 있다면 그것은 전적으로 그녀 덕분이다. 그런 점에서 스비드리가일로프가 사랑을 구하지만 사랑을 얻지 못하고 죽는다면, 라스콜니코프는 자수하여 죽음을 면하고 예정에 없던 소냐와의 사랑을 얻는 인물이다. 소냐의 희생이라는 선(善)의 대척점에서, 스비드리가일로프는 스스로 방아쇠를 당겨 악(惡)을 궤멸하는 의식을 치른 것이다. 그는 마땅히 악당이고, 영영 구원받지 못한다. 그리하여 또 다른 악당 라스콜니코프가 찬연한 사랑과 성령 속에서 행복하게 부활하는 전제를 마련한다.

연극이 끝나면

후안 마요르가 『맨 끝줄 소년』

나도 교수님께 편지를 쓴 적이 있다. 대학교 2학년 때 교양 법학 강좌 기말고사 시간이었다. 답안을 쓸 만큼 공부하지 못한 것을 사과드리고 결석한 날이 많긴 한데 수업만큼은 정말 재미있었다는 말을 적었다. A를 받았다. 낭만적인 시절이었다.

입장이 바뀌어 나도 종종 답안지에 적힌 편지를 읽게 되는데, 오래 기억하는 경우는 없다. 맨 끝줄 학생들이야 항상 있지만 그들이 매번 편지를 쓰는 것 같지도 않다. 그리고 그들이 가끔 앞이나 가운데로 자리를 옮기기도 하는 것 같다. 무엇보다 내가 너무 바쁘고 맥이 빠져 보여서 진지한 편지를 쓸 마음이 나지 않는 것이 아닐지.

후안 마요르가도 한 소년에게 답안 대신 편지를 받았다. 그의 교사 경험에서 촉발된 희곡 『맨 끝줄 소년』은 작가와 작중 인물이 뒤섞이는 희곡이다. 글을 쓰도록 부추기고 그것을 수정해 주는 교사(헤르만)가 글을 쓰는 학생(클라우디오)과 함께 작가의 편에 서 있다. 주인공(클라우디오)이 집요하게 탐닉하는 여성이 그의 동급생 어머니로부터 교사의 아내로 옮겨

가면서, 작가와 배우, 관찰자와 대상, 창조자와 피조물이 전복된다. 사실과 허구 또한 뒤섞이면서 무엇이 진실인지 혼란스러워진다. 마지막 장면에 교사가 학생에게 자신의 아내에게 접근하지 말 것을 명령하고 그것을 어긴다면 죽여 버리겠다고 협박함으로써 교사로서의 권위조차 완전히 무너져 내리고 만다.

결핍된 삶을 살아가는 것처럼 보이는 맨 끝줄 소년이 누구보다 잘 감지하는 것이 부부의 불화와 그로 인한 중년 여성의 고독이다. 인간 존재의 심연이기도 한 그 틈바구니를 그는 찾아내어 주시하고 자신이 갈구하는 연인이자 모성으로서의 여성에 가까이 맞닿기 위해 빗장을 하나씩 열어젖힌다. 교사는 그것이 윤리적이지 않다는 것을 알고 있지만 소년의 글에 이끌려 그것을 방조하고 격려하다가 결국 처음부터 학생이 자신의 아내를 향하고 있었다는 사실을 깨닫는다.

이 매혹적인 글쓰기 레이스는 이유가 어찌 됐든 글에 대한 두 욕망이 야합하여 진행되며, 끝에 이르러서야 그 글쓰기가 어떤 파멸로 이어질 것인가 암시된다. 어쩌면 그것이 두 사람의 증오와 결별로만 귀결된다고 단정할 수 없다. 불이 켜지고 연극이 끝나고 나면, 더 이상 학생이 아닌 클라우디오는 동급생의 어머니나 교사의 아내가 아닌 또 다른 누군가의 고독 속으로 틈입할 것이고 그것을 달콤한 재료로 삼아 은밀하고 위험한 글쓰기를 계속할 것이기 때문이다.

헤르만 다시는 집사람 가까이 오지 마. 다시 가까이 오면, 널 죽여 버리겠어.

클라우디오 선생님을 처음 알았을 때부터 어떻게 사시는지 보고 싶었어요. 첫 수업부터요. 저 아저씨 집은 어떨까? 누가 저런 타입이랑 같이 살 수 있을까? 완전히 제정신이 아닌 여자가 있을 거야, 너무 제정신이 아니라….

(헤르만이 클라우디오 따귀를 때린다. 침묵)

클라우디오 이제 됐어요, 스승님. 끝이에요.

(어떤 제스처를 취하자 어두워진다.)*

---

* 후안 마요르가, 김재선 옮김, 『맨 끝줄 소년』, 지만지드라마, 2019, 114~115쪽.

잘 되고 있다는
실감

찰스 부코스키 『여자들』

한번 쓴 글은 고치기 싫다. 잘못 쓰인 글이라도 그렇게 된 순간의 진심을 생각해서 고치지 않는다, 라고 말하려다 그냥 귀찮은 일이라서 그랬다고 사실대로 고백할까? 무언가 바꾼다는 게 그리 쉬운 게 아니지 않느냐고 넌지시 동조를 구해볼까?

불우한 어린 시절을 보내고 하급 노동자로 지내다 늦게서야 겨우 빛을 본 작가. 아웃사이더 찰스 부코스키 자신이기도 한 헨리 치나스키의 일생을 잘못 쓴 글에 비유할 수 있을 것이다. 고치지 않고 고칠 수도 없는 삶. 심각한 알코올 중독, 광적인 경마 도박증에다 나이 차가 아무리 많이 나도 찾아오는 여자와는 일단 끝까지 가고 보는 애정 편력. 그럴 때마다 남은 여자에게 번번이 상처를 안겨 줄 수밖에 없는 처지인데도 헨리는 또 다시 딴 여자의 촉촉한 입술과 풍만한 가슴골, 희고 매끈한 다리 사이로 미끄러져 들어간다.

소설 『여자들』에 헨리가 섹스하지 않는 여자들은 거의 등장하지 않는다. 이 작품은 헨리의 유장한 섹스 탐닉기이기 때문이다. 환갑에 가까웠으면서도 몰염치한 그의 섹스에 종말이 올 것 같지 않다. 그가 여전히 시를 쓰고 여자들이 그의 시를 읽고 그에게 호기심을 느끼기에, 그의 시가 세상에서 완전히 사라지지 않는 한 섹스도 끝이 없다. 그 섹스에 꼭 사랑이 담겨 있지 않다고 해서 그가 인생을 사랑하지 않는다고 할 수 있을까. 어쩌면 인생을 증오하기 때문에 그가 여자 자체를 구원처럼 붙들고 절박하게 사랑하고 있는 것은 아닐까.

인생을 사랑하든 증오하든 어쩔 수 없이 그는 몹쓸 남자이고 그나마 시인이기 때문에, 무턱대고 섹스를 하고 끊임없이 시를 쓴다. 다만, 이 책의 끝에서만 처음으로, 사라라는 한 착한 여자에게 머무르기 위해 낯선 여자와의 섹스를 거부하는 시도를 해낸다. 정말 잘 될까? 그리하여 그는 우연히 고양이를 가장하고 나타난 고양이를 통해 새로워질지 모를 자신을 발견하고 확인하려 한다. 그것이 이제 뭔가 잘 되고 있다는 착각을, 잘 되고 있다는 실감으로 바꾸어 줄 수 있도록.

「저기요, 나도 글을 써요. LA에 살고요. 당신을 만나러 가고 싶은데. 내 시를 보여 주고 싶어요.」
「나는 편집자나 출판업자가 아닌데.」

「알아요. 있잖아요. 난 열아홉이에요. 그냥 들러서 당신을 보고 싶어서.」

「오늘 밤엔 선약 있어.」

「아, 아무 밤이나 괜찮아요!」

「아니 만날 수 없어.」

「진짜 헨리 치나스키 맞아요, 작가?」

「맞는 것 같은데.」

「나 정말 귀여운 여자예요.」

「그럴지도 모르지.」

「내 이름은 로셸이에요.」

「잘 가, 로셸.』

전화를 끊었다. 자, 해냈잖아. 이번에는.

부엌으로 가서 한 알당 비타민 E가 400I.U. 들었다는 영양제 병을 따서, 페리에 생수 반 잔과 함께 몇 알 들이켰다. 치나스키에게는 좋은 밤이 되겠지. 베네치아 블라인드 너머로 태양이 비스듬히 들어와 양탄자 위에 익숙한 무늬를 그리고 화이트 와인은 냉장고 속에서 차갑게 식고 있었다.

문을 열고 현관으로 나갔다. 못 보던 고양이가 있었다. 거대한 몸집의 고양이는 여기저기 찢겼지만 털은 반짝이는 검은색이었고 노란 눈에는 광채가 났다. 고양이는 나를 무서워하지 않았다. 야옹거리고 돌아다니면서 내 다리 한 짝에 몸을 비볐다. 나는 착한 남자고 고양이도 그 사실을 알았다. 동물들은 언제나 그런 것을 알아챈다. 동물들에게는 본능이 있다. 집 안으로 들어가니 고양이가 따라왔다.
   고양이에게 스타키스트 참치 깡통 하나를 따주었다. 생수 사용. 순 중량 198그램.[*]

---

[*] 찰스 부코스키, 박현주 옮김, 『여자들』, 열린책들, 2012, 418~419쪽.

인간으로 남는 길

마크 트웨인 『허클베리 핀의 모험』

허클베리 핀은 짐승 같은 아이다. 술주정뱅이에 타락한 아버지 탓에 교육받지 못하고 거의 한데서 지내는 생활을 한다. 엄청난 말썽쟁이지만 제도적 교육을 받은 톰 소여에 비하면 그다지 똑똑하지도 않을뿐더러 어릴 때부터 주위 사람들의 사랑과 도움을 얻지 못했다. 그러나 허크는 미시시피강이 키운 아이다. 강이 물고기를 주고 울창한 숲이 달콤한 열매를 선사하였다. 허크는 땅바닥에서 자고 물에서 헤엄치고 큰 나무에 올라갔다. 아마 인간이 가장 오랫동안 행해 왔던 삶의 방식을 따르고, 문명화된 사람들이 조금씩 잃어버리기 시작한 취향과 능력을 허크만은 자연 속에서 마음껏 누리며 살았을 것이다. 그러니 누가 허크를 불행하다고 할 것이며 인간답지 못한 아이라 할 것인가.

아버지의 감금에서 벗어나기 위해 죽음을 위장하고 잭슨 섬에 들어간 허크는 거기서 탈출한 흑인 노예 짐을 만난다. 그들은 미시시피강을 따라 뗏목을 타고 다니면서 기상천외한 모험을 한다. 서로 반목하는 두 가문이 처절하게 치르는 전투를 목격하기도 하고, 사기꾼들을 만나 선량한 가족의 재산을 강탈하기 위해 저지르는 악행에 동참하다 도망가기도 한다. 여러 사건에 말려들기도 하지만 그는 자유로운 존재로서 한 사람이 일생 동안 겪기 힘든 다채로운 체험을 한다는 점에서 행운아라 할 수 있다. 허크는 변화무쌍한 여정에서 삶의 본질을 발견하고 지혜를 터득했는데, 그것은 어느 누구도 모방할 수 없는 자신만의 고유한 양식이 될 것이다. 그것이 자신의 것으로 오롯이 받아들인 자유에서 비롯된다는 것은 두말할 나위 없다.

무엇보다 허크가 지각하는 인간적 양심은 그를 어느 누구보다 진정한 인간이게끔 한다. 허크는 자유의 몸이 되기를 갈망하는 짐의 얘기를 듣고 짐의 주인인 친절한 왓슨 아줌마에게 일말의 죄의식을 느낀다. 그리고 탈출 흑인을 도왔다는 수치심과 함께 사람들에게 받을 비난을 떠올리며 갈등한다. 왓슨 아줌마에게 사실을 알리는 편지―짐을 붙잡았으며 아줌마가 사례금을 보내면 짐을 넘겨줄 거라는 통보―를 보내려 한다. 천만다행이라고 여기면서 하마터면 길을 잃고 지옥에 떨어질 뻔하다 빠져나왔다는 안도감도 느낀다. 그러다가 그는 짐과 함께 폭풍우와 달빛을 뚫고 지내 온 여정을 천천히 생각한다.

우리들은 서로 얘기를 하면서 노래도 부르고 웃으면서 뗏목을 타고 강을 내려왔지. 하지만 웬일인지 짐에게 나쁜 마음을 품었던 때는 전혀 떠오르지 않았고 그 반대 모습만 머릿속에 떠올랐어. 짐이 자기 당번을 선 뒤에, 나를 깨우지 않고 내 몫까지 당번을 서주던 모습 하며, 안개 속에서 내가 돌아왔을 때, 그 밖에 여러 상황에서도 짐이 참으로 기뻐하던 모습이 머릿속에 떠올랐지. 그리고 나를 항상 '허크 도련님'이라고 다정스레 불러주고 귀여워해 주던 모습, 무엇이든 나를 위해서라면 생각나는 걸 다 해주었던 일들, 그리고 짐이 언제나 나에게 얼마나 친절하게 대해 줬는지가 생각났어. 끝으로 나는 뗏목에 천연두 환자가 타고 있다고 거짓말을 해서 짐을 구해냈을 때 짐이 아주 고마워하며, 늙은 짐에게는 내가 세상에서 가장 좋은 친구이고 이젠 하나밖에 없는 친구라고 말했던 게 머리에 떠올랐어. 그러고 나서 나는 우연히 주위를 둘러보다 그 편지를 보았지.

아슬아슬한 갈림길이었어. 나는 왓슨 아줌마에게 쓴 편지를 집어 들었지. 몸이 부들부들 떨리더군. 내가 두 가지 중에 영구적으로 어느 한 가지를 선택해야 하고, 어느 쪽을 선택할지를 이미 알고 있었기 때문이지. 나는 숨을 멈추고는 잠시 곰곰이 생각한 후에 결심했어.*

허크는 결심한다. 짐이 자유를 찾아 탈출하는 것을 돕기 위해 그 어떠한 것도 받아들이기로 하는 순간 그는 한 인간으로

---

* 마크 트웨인, 백낙승 옮김, 『허클베리 핀의 모험』, 펭귄클래식 코리아, 2016, 325쪽.

남는다.

'그래, 좋아. 그렇다면 난 지옥으로 가야지.' 그리고 편지를 박박 찢어버렸어.*

* 같은 책, 325~326쪽.

버스가 서지 않을 때

가오싱젠 『버스 정류장』

노인은 문화센터에 나가 장기판에서 실력을 뽐내려고, 아이 엄마는 배고픈 아이들이 있는 집에 가려고, 아가씨는 막 사귀기 시작한 남자를 공원에서 만나려고, 안경잡이는 마지막 대학 입시를 보려고, 청년은 그저 요구르트를 사 먹으려고…. 이유는 다르지만 어느 토요일 저마다 정류장에서 시내로 가는 버스를 기다린다. 정류장에 줄을 서다가 청년과 노인이 날 선 언쟁을 벌이고 안경잡이와 청년이 드잡이하며 싸우기도 한다. 숙련공, 마주임까지 함께 버스를 기다리지만 버스는 번번이 지나치기만 할 뿐 왜 그런지 정류장에 멈추지 않는다. 그러는 사이 기이하게도 그 자리에서 일 년이 지난다. 바늘이 멈춰 있거나 제멋대로 날짜를 가리키는 시계를 보고 모두 경악한다. 이쯤에서 눈치 빠른 독자라면 이 희곡이 부조리극임을 알아차리고 자리를 고쳐 앉는다.

가오싱젠의 희곡 『버스 정류장』은 버스를 기다리는 사람들의 이야기다. 사무엘 베케트의 『고도를 기다리며』가 저절로 떠오른다. 누군지도 모르는 '고도'를 기다리고 기다리다 끝맺는 결말을 『버스 정류장』도 허망하게 반복할 것인지 궁금해진다. 다행히 두 작품의 결말은 다르다. 기다리는 대상 또한 무게가 같지 않다. 사람들이 고대하던 버스는 고도와 달리 이상적인 그 무엇이 아니라, 장기나 데이트, 요구르트같이 즐거움을 누리기 위한 방편에 지나지 않는다. 아이 엄마나 숙련공처럼 집으로 돌아가 가족을 만나고 쉬어야 할 사람들에게 생활을 이어 주는 수단이다. 무엇보다 버스를 기다리는 이들은 구도자도 아니고 혁명가도 아닌 평범한 사람들이다.

  이들이 바라는 것은 거창하지 않고 살아가며 누구나 누려도 좋을 것들이다. 그런 이들의 앞길을 막고 시간을 송두리째 앗아 가는 자는 누구일까. 버스 회사 배차원이나 무지막지한 운전수일까. 아니면 버스 회사의 운영자일까. 아마도 그것은 1980년대 중국의 인민을 유린하는 어떤 권력일 것이다. 대체로 그것의 억압은 압도적으로 은밀해서 보통 사람들은 자신들의 생활과 꿈이 완강히 지배당하고 있다는 사실조차 눈치채지 못한다. 그렇다면 이 처량한 승객들이 언제까지나 속으면서 기다려야 할 것인가. 장기판이 몇 번이고 끝날 때까지? 머리카락이 몽땅 셀 때까지? 좋아했던 남자가 연인의 이름조차 잊을 때까지? 버스 정류장 팻말의 글씨마냥 인생이 모조리 지워질 때까지?

  갑작스런 비를 피하려고 같이 방수천을 뒤집어쓰고, 같이 생각을 외치면서, 그들은 이제 기다리지 않는다. 연인과 젊음을 잃어버린 아가씨에게 마지막 대입 시험을 놓친 안경잡이가 호감의 눈길을 보내고, 행패를 일삼던 청년이 가족 걱정에 지친 아이 엄마의 커다란 짐을 의젓하게 진다. 아이 엄마도 더욱 늙어 버린 노인 곁에 선다. 그리하여 그들은 비로소 걸어서 가려고 한다. 시내로, 혹은 그 어떤 먼 곳이든, 다 같이 걷는 것만으로도 삶의 소외와 폭압을 다 같이 밀어붙이는 것처럼.

안경잡이 (아가씨를 바라보고, 따뜻하게) 우리 갈까요?
아가씨 (끄덕이며) 음.
아이 엄마 어머, 내 가방?
청년 (경쾌하게) 제가 메고 있어요.
아이 엄마 (노인에게) 발밑을 조심하세요. (가서 노인을 부축한다.)
노인 고마워요.

사람들 서로 끌어주고 부축하며, 함께 떠나려 한다.*

---

* 가오싱젠, 오수경 옮김, 『버스 정류장』, 민음사, 2002, 78쪽.

장차
왕이 될 거라니!

윌리엄 셰익스피어 『맥베스』

마녀 1	맥베스를 환영하라! 글래미스 영주시다!
마녀 2	맥베스를 환영하라! 코도의 영주시다!
마녀 3	맥베스를 환영하라! 왕이 되실 분이다.*

　스코틀랜드 글래미스 영주 맥베스는 충성과 용맹으로 반란군을 무찔러 공을 세운다. 스코틀랜드의 어진 왕 덩컨은 반란에 가담한 코도의 영주를 처벌하고 영지를 맥베스에게 하사할 것을 명한다. 그 사이 황야에서 맥베스는 세 마녀를 만난다. 마녀들이 그를 환영하며 차례로 말한다. 한 마녀의 말은 사실이지만 두 마녀의 말은 예언이다. 마녀들이 사라지고 곧이어 달려온 국왕의 신하로부터 자신이 코도의 영주로 임명됐다는 소식을 들은 맥베스는 예언을 떠올리며 몸서리친다. 첫 번째 예언의 실현이 두 번째 예언에 대한 보증이 되자 그의 야심이 걷잡을 수 없이 불타오른다.

---

*　윌리엄 셰익스피어, 최종철 옮김, 『맥베스』, 민음사, 2004, 21쪽.

장차 왕이 될 거라니!

황홀하고 무서워 떨지 않을 인간이 있을까. 예언을 길잡이 삼아 부정한 방법을 쓰더라도 한시 바삐 목적을 이루려는 성급함이 인간의 도저한 욕망에서 비롯한 것인데, 그 욕망은 자신의 길을 가로막는 장애물들을 무자비하게 제거해 버리는 데에서 나아가 더 큰 패악으로 번져간다. 맥베스는 왕과 시종들을 무참히 살해할 뿐만 아니라 마녀들의 예언대로 맥베스의 뒤를 이을 뱅코의 아들까지 시해하려다 뱅코를 죽이고야 만다.

역모로 왕이 된 뒤 그가 자신이 죽인 유령들을 보며 착란을 일으키고 파멸해 가기까지 양심은 그의 죄를 꾸짖으며 욕망과 대치한다. 그가 마녀들의 사악한 간섭을 받았다는 점에서, 또 그가 겪는 고통이 욕망 때문이기도 하지만 그의 양심 때문이기도 하다는 점에서 그는 비극의 완벽한 주인공일지 모른다. 그러나 정신착란에 시달리던 왕비를 잃고 압도적인 적에게 둘러싸인 마당에 "꺼져라, 짧은 촛불! / 인생이란 그림자가 걷는 것, 백치가 지껄이는 / 이야기와 같은 건데 소음, 광기 가득하나 / 의미는 전혀 없다"고 부르짖는 생의 치욕과 환멸 속에서, 맥베스가 장렬하게 패망할지라도 끔찍한 결말을 초래한 그 예언, 장차 왕이 될 거라는 그 목소리는 얼마나 괴롭고도 아찔하게 달콤했을까.

욕망에 철저하다는 점에서 맥베스는 다른 인간들보다 앞서 있고 그 자체로 인간의 정점에 선 인간이다. 그러므로 맥베스는 왕이 되려고 욕망하고 실행할 때에만 진정한 맥베스이다. 오로지 왕관을 쓰기 위해 성가신 양심을 억누르며, 친척이자 인자한 군주의 목을 베느라 두 손에 잔뜩 피를 묻힐 때에만 맥베스는 맥베스이다. 애초에 예언을 한 마녀가 없고 왕의 살해를 부추긴 아내도 없다. 여자에게서 태어난 자에게 해를 당하지 않으리라는 말도 맥베스 내면의 음성에 지나지 않는다. 그러므로 『맥베스』가 양심의 고귀한 투쟁을 보여 주는 것이 아니라 처절하게 욕망을 이루고 지키려는 인물을 통해서만 인간의 참모습을 드러낸 것이라고 하면 비극에 대한 곡해이고 셰익스피어에 대한 모독일까.

무의미와 혼돈의
재판정에서

루이스 캐럴 『이상한 나라의 앨리스』

"내가 나를 제대로 설명할 수 없어요. 내가 내가 아니니까요."

일곱 살의 앨리스가 불현듯 토끼굴에 떨어져 이상한 모험을 한다. "한 번도 본 적 없는 너무나 아름다운 정원"을 찾아가다 병에 든 액체와 버섯을 먹고 몸이 변하면서 여러 가지 사건을 겪는다. 키가 줄어든 채 강아지를 피해 달아나던 앨리스가 물담배를 피우는 쐐기벌레를 만나 "너는 누구냐?"는 질문을 받자 몹시 당황스러워진다. 자신의 몸이 10분도 지나지 않아 줄어들었다 늘어났다 하며 심지어 예전에 잘 알던 것까지 기억하지 못한다고 생각되기 때문이다. 내가 내가 아니므로 나를 설명할 수 없는 앨리스가 겪는 상황은 그러므로 예전의 온전한 나를 찾아가는 모험의 과정이다. '아름다운 정원'을 인간이 잃어버린 에덴동산으로 느낄 수 있는 것처럼, 앨리스의 자기인식은 인간이 잃어버린 본연의 것을 찾기 위한 세상 탐험의 전제이기도 하다.

그런데 앨리스가 직면한 세상은 어떠한가. 수많은 동물과 사물이 말을 하는 신기한 곳일 뿐만 아니라 그들이 제시하는 말의 내용이 기막힌 무의미와 혼돈으로 가득 차 있다. 여기 펼쳐지는 시와 노래와 대화가 재기발랄하게도 즉흥에 가까운 패러디이고, 그것이 단지 재미로 멈추지 않고 빅토리아 시대의 답답한 교육 제도와 교훈을 강요하는 세태를 풍자한 것이기도 하지만, 거기에는 거의 아무 의미도 없다는 것을 드러내는 의미밖에 없다. "만약 이 시를 설명할 수 있는 분이 나온다면, 제가 6펜스를 드리겠어요. 전 여기에 뜻 같은 건 조금도 없다고 생각해요"라는 앨리스의 말은 그것을 단적으로 드러내는 선언이다. 동물과 사물이 법석을 떨며 게임을 하고 재판에 동참하는 상황들이 모두 앞뒤 없이 혼돈으로 이어지는 통로라 할 때, 그런 무의미와 혼돈이야말로 앨리스가 인식하는 세계 인식의 핵심이라 할 수 있다.

"저도 생각할 권리가 있다고요"

처음에 앨리스는 몸이 작아졌을 때도 커졌을 때도 펑펑 운다. 다시 몸이 작아져 자신이 흘린 눈물로 만들어진 눈물연못에 빠져 헤엄을 치기도 한다. 그리핀과 가짜 거북이가 요청하는 노래를 제대로 외우지 못하고 떨면서 엉터리로 부르기도 한다. 자기가 아는 것을 뽐내고 싶을 만큼 순진하고, 중산층의 바른 언어를 구사하면서 동물과 여왕의 기분을 맞출 만큼 예의 바른 앨리스는 어린아이답게 자기가 하고 싶은 질문을 참지 못한다. 그러면서 자신의 이해 범위 안에서 객관적으로 사안을 받아들이고 해석한다. 자신이 옳다고 생각하는 것들에 대해서는 뜻을 굽히지 않는다. 어떤 일에서건 교훈을 찾아내면서 아무 맥락도 없는 말만 늘어놓던 공작부인에 지쳐 "저도 생각할 권리가 있다고요"라며 날카롭게 대꾸한다.

이 뻔뻔한 여성의 '생각할 권리'는 의미와 혼돈의 닫힌 복도를 통과할 수 있는 유일한 열쇠처럼 보인다. 잔인한 하트여왕이 남발하는 "저놈의 목을 쳐라!"라는 명령에 꿈쩍하지 않을 담력도 거기에서 비롯한다. 일견 많은 것을 알고 있는 듯한 그리핀이 여왕을 비웃으며 "이건 다 여왕이 꾸는 꿈"이고 "다 혼자 꿈꾸는 거야. 슬픈 일 같은 거 없어, 알잖아"라고 다독이는 말은, 이 모든 모험 이야기가 사실 앨리스가 강둑의 피크닉에서 꾼 꿈의 내용이라는 것을 암시하기도 하지만, '생각할 권리'를 무력하게 만들고자 하는 허무주의의 반격처럼 보이기도 한다. 그러나 앨리스가 타르트를 훔쳐 간 범인을 가리고 심판하는 재판정에서 갑자기 증인으로 불려 나오고 졸지에 엄벌에 처해지는 극단적인 상황에서조차 주인공은 '생각할 권리'를 포기하지 않는다.

"아니야, 아니야! 처형이 먼저고, 평결이 나중이야."
여왕이 말했다.
"바보 같은 소리, 말도 안 돼! 처형이 먼저라니!"
앨리스가 큰소리로 외쳤다.
"입을 다물어라!"
여왕의 얼굴이 누르락붉으락해졌다.
"싫어요!"
앨리스가 말했다.
"저 아이의 목을 쳐라!"
여왕이 목소리를 높여 소리쳤다. 그러나 움직이는 자는 아무도 없었다.
"당신이 어쩐다고 신경이나 쓸까 봐? 당신들은 고작 카드 한 벌일 뿐이야!"*

앨리스가 하트여왕과 대결한다. 불합리하게 자신을 단죄하는 왕실과 배심원단의 본질을 엄정히 규명하고, 자신의 존재 가치를 드러내어 재판정을 순식간에 뒤집는다. 앨리스가 마지막으로 당차게 말하는 순간 재판정의 카드들이 극적으로 공중에 솟구쳤다 떨어진다. 우수수 얼굴로 쏟아지는 카드가 강둑에 흩날리는 나뭇잎으로 바뀌면서 앨리스의 땅속 여행이 한낮에 꾼 한바탕의 정교한 꿈이라는 것이 판명된다. 그럼에도 이 이상한 이야기는 앨리스로 표상된, '생각할 권리'를 상실하지

---

* 루이스 캐럴, 이소연 옮김, 『이상한 나라의 앨리스』, 펭귄클래식 코리아, 2010, 266쪽.

않은 순수한 존재로서의 한 인간을 통해, 누구든 무참히 심판하려는 부조리와 미혹의 재판정이라는 한 세계를 깨뜨리는 것이 과연 무엇인가에 대한 실마리를 던져 준다.

사랑과 선

레프 톨스토이 『안나 카레니나』

　　내가 사랑 없이는 살 수 없는, 살아 있는 여자라는 사실을 그가 단 한 번도 인정하지 않았다는 것을 모른다. 그가 매사에 날 모욕하고 자기 혼자 만족해하고 있었다는 것을 모른다. 난 애쓰지 않았는가, 내 삶의 정당성을 찾으려고 온 힘을 다해 애쓰지 않았는가? 그 사람을 사랑하려고 해보지 않았는가? 그러나 때가 왔다. 난 더이상 자신을 속일 수 없다는 것을 깨달았다. 나는 살아 있는 사람이며 내게는 죄가 없다는 것을, 신이 나란 사람을 사랑하고 살아 숨 쉬어야 하는 인간으로 만들어 놓았다는 것을 깨달았다.*

　안나는 사랑 없이 살 수 없는 여자이다. 그녀는 자신을 속이는 삶을 살고 있다. 안나가 이런 자각을 표출하게 된 것은 안나와 카레닌의 결혼이 허위에 의해 이어지고 있기 때문이다. 그것은 그녀 오빠인 오블론스키와 돌리의 결혼도 마찬가지여서 이 부부가 파국을 맞이하지 않았을 뿐 그들의 결혼 생활이

---

* 레프 톨스토이, 박형규 옮김, 『안나 카레니나』, 문학동네, 2020, 548쪽.

불행의 바닥에서 위태롭게 돌아가는 팽이 상태인 것과 같다. 불행의 기미가 어느 가정에나 도사리고 있다는 것을 감안하더라도 레빈과 키티의 경우는 앞서의 두 부부와 대별된다.

『안나 카레니나』라는 집의 한 기둥에 해당하는 레빈과 키티 부부는 안나와 브론스키, 오블론스키라는 애욕의 인물과는 또 다른 방식으로 사랑을 구현한다. 시간에 따라 성장하는 인물인 키티는 아무도 간호하지 못하던 레빈의 형 니콜라이를 찾아가 극진하게 돌보고 이 괴팍한 시한부를 감화시킨다. 또한 레빈은 사랑의 구도자로서 사랑의 의미를 찾아 한없이 헤맨다. 불행한 안나가 열차에 몸을 던지고도 소설이 끝나지 않는데 그것은 소설의 마지막 8부 때문이고 거기에는 레빈의 이야기가 남아 있기 때문이다. 이 소설의 마지막에서 레빈은 타작마당에서 소작인 표트르와 대화하면서 생의 의미를 깨닫는다.

"어떻게 하길래 하느님을 기억하고 있다는 거야? 어떻게 하면 영혼을 위해 사는 거야?" 레빈은 거의 외치듯이 말했다.

"뻔하잖아요. 진리에 의해서, 하느님에 의해서 살아가는 것뿐예요. 사람은 각양각색이니까요. 이를테면 나리만 하더라도 사람을 모욕하는 짓은 하지 않으시니까요…."

"그래, 그래, 그럼 잘 가게!" 레빈은 흥분하여 숨 가쁘게 말하고, 홱 돌아서서 스틱을 잡자 바쁜 걸음으로 집을 향해 걷기 시작했다.*

레빈은 소작인의 평범하고도 본질적인 말, '진리에 의한 삶'에 귀 기울인다. 그는 "새로운 기쁨의 감정"에 사로잡히고 혼란스레 유폐되어 있던 의식이 광채로 소용돌이치는 것을 느낀다. 그가 집을 향해 달려가는 것은 키티에게 이 모든 것을 고백하기 위해서이다. 키티를 찾으러 가다 숲에 떡갈나무가 벼락 맞은 것을 발견한다. 그리고 키티가 변을 당했을까 공포에 질린다. 마치 정해진 변고의 과정을 통과해 가는 씻김처럼, 레빈은 아이와 무사히 숲을 빠져나온 키티를 만난다. 가족은 흠뻑 젖은 채 집으로 돌아온다. 키티가 아이를 씻기고 레빈도 자신의 생각을 정리하다가 이윽고 두 사람이 대화하기 시작한다. 별빛과 번갯불에 비친 서로의 얼굴을 확인하면서, 레빈은 키티가 자신의 마음을 다 알고 있다고 여긴다. 그만둘까 망설이다 이야기하기로 마음먹는다. 레빈이 말하려는 찰나 키티가 먼저 말한다. 그런데 키티가 하는 말은 엉뚱하게도 손님의 잠자리를 보고 와 달라는 부탁이다. 이렇게 어긋난 대화 끝에 레빈은 순순히 움직이기 시작한다.

'아니, 얘기할 필요는 없다.' 그녀가 앞장서서 방 안으로 들어갔을 때 그는 이렇게 생각했다. '이것은 비

* 같은 책, 1478쪽.

밀이다, 나 한 사람에게만 필요하고 중대한, 입으로는 말할 수 없는 비밀인 것이다.

　이 새로운 감정은 내가 공상했던 것처럼 나를 변화시키지도, 행복하게 만들지도, 갑자기 밝게 해주지도 않았다. 꼭 내 아들에 대한 감정과 마찬가지로 아무런 경이도 일어나지 않았다. 이것이 신앙인지 신앙이 아닌지, 뭐가 뭔지 나는 모른다. 그러나 아무튼 이 감정은 내가 괴로워하고 있는 동안, 어느 틈에 내 영혼 속으로 들어와 거기에 튼튼하게 뿌리를 박아버린 것이다.*

　곱씹어 봐야 가느다랗게 이해되는 이 끝부분에서, 레빈은 혼자 비밀을 간직함으로써 부부의 완전한 소통에 실패한다. 환희의 감정은 사그라든다. 여기서 작가는 이 모범적인 레빈의 결혼이 꼭 안나 돌리의 결혼에 반대로 꼭 들어맞는 대비 항이 아니며, 어긋남과 불안 속에서 그들의 뜻을 넘어서는 어떤 힘으로 겨우 그들의 생활이 유지되는 것임을 보여 준다. 그럼에도 그 '새로운 감정', 애욕과는 다른 박애나 선의, 신적인 것에 대한 경외 같은 무언가가 어느 틈에 레빈의 내면에 자리 잡았으며 이제야 자신의 삶이 '선의 의미'를 지니리라 예감한다. 사랑보다 더 큰 사랑을 선이라고 할 수 있다면, 사랑에서 선으로 이르는 기나긴 과정을 그린 것이 톨스토이의

---

* 같은 책, 1518~1519쪽.

이 작품이며, 소설 인물들의 것과 다를 바 없는 우리 삶이 어쩌면 '선의 의미'를 지닐 수도 있다는 희망이야말로 이 작품이 우리에게 가까스로 내미는 선물이 아닐까.

난 혁명가가 될 거야

다자이 오사무 『사양』

"어머니, 전 지금껏 어지간히 세상 물정을 몰랐나 봐요"라고 했다.

그러고는 좀 더 하고 싶은 말이 있었지만, 방 한쪽에서 정맥주사 채비를 하는 간호사가 들을까 부끄러워 입을 다물었다.

"지금껏이라니……."

어머니는 엷은 웃음을 띠며 따지듯,

"그럼, 지금은 세상을 알 것 같니?"

나는 왠지 얼굴이 새빨개졌다.

"세상이란, 알 수 없는 거야."

어머니는 얼굴을 딴 데로 돌리고, 혼잣말처럼 낮게 말했다.

"난 모르겠어. 아는 사람이 있으려나? 아무리 세월이 흘러도 모두 어린애야. 아는 게 아무것도 없어."

하지만 나는 살아가야만 한다. 아직 어린애인지도 모르지만, 그렇다고 응석만 부리고 있을 수는 없다. 나는 이제부터 세상과 싸워 나가야만 한다. 아아, 어머니처럼 남들과 싸우지 않고 미워하지도 않고 원망하지도 않고 아름답고 슬프게 생애를 마감할 수 있는 사람은, 이제 어머니가 마지막이고 더 이상 이 세상에 존재할 수 없는 게 아닐까? 죽어 가는 사람은 아름답다. 산다는 것. 살아남는다는 것. 그건 몹시 추하고 피비린내 나는, 추접스러운 일처럼 느껴진다. 새끼를 배고 구멍을 파는 뱀의 모습을, 나는 다다미 위에서 상상해 보았다. 하지만 내가 끝내 단념하지 못하는 게 있다. 천박해 보인들 상관없어. 나는 살아남아 마음먹은 일을 이루기 위해 세상과 싸워나가련다. 결국 어머니가 돌아가신다는 것이 분명해지자, 나의 로맨티시즘과 감상 따위는 점차 사라지고 어쩐지 나 자신이 방심할 수 없는 교활한 생물로 변해 가는 기분이었다.[*]

일본의 마지막 귀족인 아름다운 어머니가 딸에게, 세상이란 알 수 없고 사람은 모두 어린애라고 말한다. 가즈코는 그것이 일견 맞는 말이지만 자신은 어린애마냥 응석만 부리고 살 수는 없다고 생각한다. 몰락한 황족으로 죽음을 앞둔 어머니와 마약중독자에서 알콜중독자로 승격한 남동생만 남은 상황에서, 어쨌든 살아 나가야 하고 세상과 싸워야 한다는 결심을 한다. 의미 없는 결혼 생활을 끝내고 뱃속의 아기마저 잃은 뒤 돈 많은 노화가와의 혼담도 뿌리친 서른 살의 가즈코가 원하는 것이 자신의 사랑을 쟁취하는 것이기 때문이다.

[*] 다자이 오사무, 유숙자 옮김, 『사양』, 민음사, 2018, 118~119쪽.

남방의 전쟁터에서 살아 온 동생 나오지의 미래 모습이기도 한 예술가 우에하라에게 그녀는 처음으로 애정을 느끼지만 그의 인격과 생활을 신용하는 것이 아니다. 다만 그 남자들을 이해하는 것뿐이다. "아아, 이 사람들은 뭔가 잘못된 거야. 하지만 이 사람들도 내 사랑의 경우와 마찬가지로 이렇게라도 하지 않고서는 살아갈 수 없는지도 모른다." 그녀가 그들의 방탕함을 미워할 수 없는 건, 그렇게 생을 갉아먹으면서도 살아 있는 것이 "버겁고 아슬아슬 숨이 넘어가는 대사업"이기 때문이다. 거기에 우에하라의 아기를 낳아서 혼자 키우려는 것은, 어머니가 죽고 동생이 자살한 뒤에 그녀가 세상을 의미 있게 살아 내기 위한 스스로의 혁명에 해당한다.

　　추잡스러운 실책 따위라고는, 절대 생각하지 않습니다. 이 세상에 전쟁이니 평화니 무역이니 조합이니 정치니 하는 게 무엇 때문에 있는지, 이제야 저도 알게 되었습니다. 당신은 모르실 테지요. 그러니까 늘 불행한 거예요. 그건 말이죠. 가르쳐 드릴게요. 여자가 좋은 아기를 낳기 위해서예요.[*]

　뱀이 땅을 파서 알을 낳고 살아가는 것처럼 그것이 한낱 생명의 구차한 본능일지라도, 살아가는 것 자체가 유일한 선이

---

[*] 같은 책, 161~162쪽.

고 책무이고 종교일 수 있다는 믿음을 지니며 생명을 통어하는 여성의 권능을 자각하면서, 가즈코는 삶에 기대를 걸고 먼 곳을 바라본다. 남성으로 상징되는 일체의 도덕과 권력을 조롱하면서 그것을 깨부수려는 스스로에게 쾌감을 느낀다.

우에하라에게 보내는 위의 편지에서 마지막으로 그녀는 묘한 부탁을 한다. 자신의 아기를 동생 나오지가 딴 데서 낳았다 속이고 우에하라의 부인인 스가가 한번만 안아 주기를 바란다는 요청. 어째서 그러기를 원하는지 가즈코 당사자도 모르지만 나오지를 위해 허락해 달라는 간곡한 말속에, 그 부인을 남몰래 사랑하다 절명한 동생과 자신을 동일시하는 태도가 담겨 있다. 나오지의 죽음은 한 시대의 종결이지만 그 아기가 지나간 불행한 사랑의 결실이고 새로운 삶의 증표라는 의미로 이 작품이 맺어지는 건 다행일까? 이 여성 화자가 벌이는 혁명의 진정성을 독자들이 여전히 의심스러워하고, 다자이 오사무가 작품을 발표한 이듬해 1948년 39세 나이에, 다섯 번째 자살 시도에 성공하여 어쩌면 다시 나오지의 길을 따라갔어도?

다자이 오사무는 없지만 『사양』은 지금도 빛난다. 그가 패망한 자신의 삶에 대해 『인간실격』으로 처절한 반성문을 작성하였다면, 『사양』을 통해 폐허를 딛고 일어서고자 하는 안쓰러운 인간의 투쟁 의지를 밝혔다고 할 수 있다. 그리하여 대속(代贖)이라는 게 가능하다면 다자이 오사무로 인해 한 전범국의 문학에 구원의 길이 가느다랗게 열린 것이고, 한 작가의 희생을 통해 새로운 문학의 잉태를 꿈꿀 수 있었던 것이다.

먼지처럼 일어서리라*

미국의 시, 여성의 시

아름다움을 위해 나는 죽었지―그런데 무덤에
적응되자마자, 진실을 위해 죽은 사람이
바로 옆방에 눕혀졌지―

그는 내게 '왜 실패했냐?'고 속삭이며 물었지
'아름다움을 위해', 나는 대답했지―
'그래 나는―진실을 추구하느라―그것들은 한 몸이
니―
우리는 형제로군' 그는 말했지―

그래서, 우리는 가까운 친척처럼 밤에 만나―
무덤의 방을 사이에 두고 이야기를 나누었지―
이끼가 번성하여 우리의 입술에 닿을 때까지―
그래서 우리의 이름을 덮어버릴 때까지―

섬뜩한 시다. 자신이 죽은 다음 땅속에 시신이 되어 옆 무덤

* 이 글 속의 시는 최영미가 번역하여 실은 『내가 사랑하는 시』(해냄, 2009)와 『시를 읽는 오후』(해냄, 2017)에서 인용한다.

의 시신과 이야기를 나누는 상상이라니. "이끼가 번성하여 우리의 입술에 닿을 때까지—"에서, 입술로 느끼는 축축하고 차가운 이끼 때문에 죽음이 더 실감 난다. 아름다움과 진실에 대한 망자들의 대화라는 비현실적 전개가 이 시행으로 뚜렷한 감각을 지니게 된다. 죽음을 아주 오랫동안 생각해 오지 않으면 쓸 수 없는 표현이다. 아름다움을 위해 죽는 사람은, 아마 예술가일 것이다. 아름다움만을 추구하는 사람은 비정한 현실에서 실패할 수밖에 없다. 그러나 그 아름다움은 진실과 형제이며 인간에게 궁극적인 가치를 지닌다. 그런데 문제는 역시 그 고귀한 가치들이 밝은 땅 위에서 마땅히 본연의 가치를 인정받을 수 없다는 것이다. 그에 대한 평소의 실의와 절망이 이 시를 죽은 사람들의 차고 메마른 대화로 그리게 했을 것이다.

 한평생 집을 나서서 여행을 가지도 않고 시집을 내지도 않았던, 그리하여 그 이름이 이끼에 덮여 있던 에밀리 디킨슨(1830~1886)은 70여 년의 시간이 흐른 뒤에 다시 알려진다. 시에서 그녀는 삶과 죽음의 본질을 날카롭게 성찰하되 간결하면서도 적확한 표현을 구사하였다. 위 시에서 땅속 이끼로 서늘한 죽음을 환기하였다면, 아래 시에서는 그릇(홈. 자국. groove)을 통해 인간의 한계를 포착한다.

사랑이란 존재하는 모든 것,
우리가 사랑에 대해 아는 모든 것;
이거면 충분하지, 그 사랑을 우리는
자기 그릇만큼밖에 담지 못하지.

모든 것(all)이란 말과 거듭 어우러져 넘쳐나는 사랑을 인간이 자기의 홈(그릇)만큼만 담을 수 있다는 것은, 그 무한한 사랑에 비해 인간의 용량이라는 게 얼마나 초라한 것인가를 냉정히 인정하는 것이기도 하다. 현실을 있는 그대로 보고 거짓 없이 거침없이 말하는 목소리가 바로 미국의 시, 미국 여성의 시가 내뿜는 매력일 것이다.

널빤지에서 널빤지로 나는 디뎠네
천천히 그리고 조심스럽게
내 머리 근처에 별을 느끼며
발밑에는 바다가 출렁이는 것 같아.

나는 알지 못했어
다음 걸음이 내 마지막이 될는지—
그래서 더욱 불안한 나의 걸음걸이
어떤 이는 경험이라고 말하지만.

출렁이는 널빤지에서 널빤지로 발을 옮기는 불안함. 마지막일지도 모를 한 걸음. 나와 관계없는 사람은 그것이 다 경험이라고 아무렇지 않게 말하지만 그 걸음이 정작 끝이 된다면 경험이 다 무슨 소용인가. 머리에 별을, 발밑에 바다를 둔다는 표현이 재밌지만 그것도 그녀의 속사정을 모르는 남의 시선일 뿐이다. 시인은 오로지 자신의 내면으로 침잠해 들어가 외출도 하지 않고 남자도 만나지 않으며 늙어 죽을 때까지 혼자 부단히 시를 쓰는 길을 택함으로써, 쓸모없는 장식 같은 환상을 부수어 버리고 자기만의 진실한 목소리를 얻는다.

에밀리가 죽은 지 몇 년 뒤 태어난 도로시 파커(1893~1967)는 집 밖에서 목소리를 높여 세상과 싸운 인권운동가이자 사회주의자이고 할리우드의 명사였다.

> 내가 젊고 대담하고 강했을 때,
> 옳은 것은 옳고, 잘못된 것은 잘못된 것이었다!
> 나는 깃털 장식을 세우고 깃발을 날리며
> 세상을 바로잡으러 달려 나갔다.
> "나와라, 개새끼들아, 싸우자!"고 소리치고,
> 나는 울었다. 한 번 죽지 두 번 죽나.
>
> 그러나 나는 이제 늙었다: 선과 악이
> 미친 격자무늬처럼 얽혀 있어
> 앉아서 나는 말한다. "세상이란 원래 그런 거야.
> 그냥 흘러가는 대로 두는 사람이 현명해.
> 질 때도 있고, 이길 때도 있지—
> 이기든 지든 별 차이가 없단다, 얘야."

무력증이 진행되어 나를 갉아먹는다:
사람들은 그걸 철학이라고 말하지.

"나와라, 개새끼들아, 싸우자!"는 외침이 터프하지만, 달려 나가며 깃털 장식을 세우다니 여성시인답다. 창을 꼬나 쥐거나 총대를 뻗는 것보다 시적이다. 소리치고서 "나는 울었다"는 걸 보면 남자의 싸움이 아니다. 사회적 약자인 여자의 싸움에 가깝고 그래서 더 처절하다. "한 번 죽지 두 번 죽나." 툭 뱉는 말도 악에 받친 결의로 들린다. 그러나 시인이 늙어서 선과 악이 "미친 격자무늬처럼" 얽힌 현실을 보고, 흘러가는 대로 놔두는 것이 현명한 일이라고 말한다. 그러다 자신의 무력증을 직시하고, 야비한 타협을 철학으로 둔갑시키는 세상을 촌철살인으로 비판하고서야 첫 연의 목숨 건 혈기가 되살아난다. 시 제목 '베테랑(The Veteran)'도 절묘하게 비꼬는 목소리가 시인의 전매특허라는 것을 알려 준다. 그보다 더 기가 막힌 '이력서(Resume)'라는 제목의 시도 에밀리로부터 이어온 쿨함의 진수를 보여 준다.

면도칼은 아프고;
강에 빠지면 축축하고;
산(酸)은 얼룩이 지고;
약물은 경련을 일으킨다.

총은 합법적이지 않고;
밧줄은 풀리며;
가스는 냄새가 고약하다;
그러니 차라리 사는 게 나아.

이력서에 쓰인 내용은 그러니까 아마도 시인의 자살 실패 경력이다. 목숨이 붙어 있는 한 죽음은 관념이고 삶은 현실이다. 시쳇말로 개똥밭에 굴러도 이승이 낫다니까. "차라리"란 말이 차차선일 수밖에 없는 삶을 더 어둡게 나타내지만, 그래도 어떻게든 살아야 한다는 의지가 삶을 조금이나마 나아지게 만드는 게 아닐까. 이력서, resume에는 다시 시작한다는 동사의 뜻도 있다. "살아온 기적이 살아갈 기적이 된다"(〈어부〉)던 김종삼 시인의 메시지처럼.

불행한 성장과 산전수전, 말년까지 이어진 우울증과 알콜중독을 겪은 도로시 파커 이상으로 마야 안젤루(1928~2014)도 불모지 미국의 여성 시인으로 고난의 계보를 잇는다. 게다가 세라 티즈데일, 빈센트 밀레이, 실비아 플라스와 달리 그녀는 흑인이다. 여덟 살에 엄마 남자친구에게 성폭행당하고 10대에 미혼모가 되어 혼자 아이를 키우느라 버스 차장에 요리사, 나이트클럽 댄서, 배우를 거쳤다. 말년까지 소탈하고 품위 있는 시인으로 살았다. 오프라 윈프리의 멘토이기도 한 그녀의 〈그래도 나는 일어서리라〉가 대통령 취임식에 낭송되었다는 것은 얼마나 다행인가.

너의 그 심하게 비틀린 거짓말로
너는 나를 폄하해 역사에 기록하겠지
너는 나를 아주 더럽게 짓밟을 수도 있겠지
하지만, 먼지처럼, 나는 일어날 거야

나의 당돌함에 네 속이 불편하니?
왜 넌 찌푸리고 괴로워하지?
내가 거실에서 솟아나는 기름을 바른 듯 당당하게
걷기 때문인가.

태양처럼 달처럼,
밀물과 썰물처럼 분명하게
높이 솟구치는 희망들처럼
그래도 나는 일어설 거야

너는 내가 부서지는 모습을 보길 원하지?
고개 숙이고 눈을 내리깔기를?
영혼의 울음으로 약해진
내 어깨가 눈물방울처럼 축 쳐지기를 원하겠지

(…)

나의 섹시함이 네 속을 뒤집었니?

내가 넓적다리가 만나는 곳에
다이아몬드를 품은 듯 춤을 추어서,
네가 많이 놀랐나?

부끄러운 역사의 오두막으로부터
나는 일어서리
고통의 뿌리인 과거로부터
나는 일어서리
나는 검은 바다, 뛰어오르고 퍼지고,
파도 속에 솟구치고 부풀어 오른다

테러와 공포의 밤들을 뒤에 남겨두고
나의 선조들이 내게 준 선물들을 안고서
나는 일어서리
나는 노예들의 희망이며 꿈이니
나는 일어서리

저녁이 하루 중
가장 좋은 때

가즈오 이시구로 『남아 있는 나날』

나는 다시 홀을 가로질러 아치 밑 내 자리로 돌아갔고, 그로부터 한 시간쯤 흐른 뒤 마침내 신사분들이 자리를 파할 때까지, 내가 자리를 떠야 할 일은 전혀 없었다. 그런데도 거기에 그렇게 서 있었던 시간이 지금까지 두고두고 내 마음에 선명하게 새겨져 있다. 처음에는 약간 울적한 기분이었음을 기꺼이 인정할 수 있다. 그런데 계속 그렇게 서 있는 사이에 이상한 일이 벌어지기 시작했다. 아주 깊은 승리감이 내 마음속에서 솟구치기 시작했던 것이다. 그 당시 내가 이 감정을 어디까지 분석해 보았는지는 기억할 수 없지만, 오늘날 그 순간을 돌이켜 보면 그다지 설명하기 힘든 것 같지는 않다. 그때 나는 극도로 힘든 시간들을 거의 마무리한 직후였다. 그날 저녁 내내 '내 직위에 상응하는 품위'를 지키느라 애써야 했고, 게다가 내 부친도 자랑스러워하셨을 정도로 잘해 냈다. 그리고 홀 건너편, 내 시선이 머물고 있는 문 뒤, 방금 막 내 직무를 수행하고 나온 바로 그 방에는 유럽 최고의 실력자들이 우리 대륙의 운명을 논하고 있었다. 그 순간에 누가 의심할 수 있었겠는가? 내가 집사라면 누구나 소망하는, 세상의 저 위대한 중심축에 거의 도달했다는 것을. 그때 거기에 서서 그날 저녁의 사건들, 즉 그 시각까지 있었던 일들, 그리고 현재도 진행되고 있는 것들을 되씹어 보자니, 내가 그때까지 살아오면서 성취했던 모든 것들의 요약판인 양 느꼈다. 그날 밤 나를 고무시켰던 그 승리감을 나로선 달리 설명할 길이 없었다.*

고지식해서 좀처럼 농담을 할 줄 모르는 스티븐슨은 달링턴 경 저택의 유능한 집사이다. 그는 '직위에 상응하는 품위'를 지키기 위해 완벽하게 임무를 수행해 낸다. 이전에 저택에서 열린 회담에서 집사보조로 함께 일하다 뇌졸중으로 4분 전에 운명한 아버지에게 달려가기보다 회담이 원만히 진행되는 일에 몰두했던 것처럼, 중요하고 은밀한 회합이 있던 그 저녁에도 스티븐슨은 초인적인 힘으로 본분을 다한다. 그 품위 때문에 한 번도 내비친 적 없으나 자신을 흠모하는 총무인 켄턴 양을 깊이 사랑하고 있는데도, 그녀가 다른 남자의 청혼에 응낙했다는 말을 방금 듣고 나서조차 회합의 수발에 한 치의 흐트러짐이 없다. 물론 스티븐슨은 그의 질투심을 끌어내기 위해 일을 저지른 켄턴 양이 그녀의 집무실에서 절망에 빠져 울고 있다는 걸 감지한다. 임무를 다른 하인에게 잠깐 맡기고

* 가즈오 이시구로, 송은경 옮김, 『남아 있는 나날』, 민음사, 2010, 282쪽.

켄턴 양의 방문을 두드릴 수 있었을 것이다. 사랑의 운명을 돌릴 수 있었을 것이다. 스티븐슨은 그렇게 하지 않는다. 그 비밀 회합이 달링턴 경을 비롯해 영국 총리와 외무장관, 독일 대사가 "대륙의 운명을 논하는" 자리였기 때문이다. 그 엄청나게 공적인 임무를 충실히 이행하여 집사로서의 품위를 지키는 것이 가슴 아픈 애정을 구원하는 일보다 우선한다고 여겼기 때문이다. 그러고서 가까스로 얻은 승리감이란.

"아, 당신은 그걸 충성이라 생각하는 모양이군. 정말 그게 충성인 것 같소? 당신의 주인에게든 이 나라 국왕에게든?"*

과거에 혼인을 앞둔 젊은 카디널에게 성교육으로서의 '자연의 현상'을 훈시하려고 했던 스티븐슨이 지금은 도리어 그로부터, 히틀러에게 주인인 달링턴 경이 너무나도 명백히 이용당할 처지를 왜 알아채지 못하느냐고 힐난 받는다. 회합이 끝나 가면서 스티븐슨이 승리를 느끼는 순간은 영영 연인을 잃어버릴 켄턴 양이 울고 있는 시간이고 유럽이 커다란 난관에 빠지려는 상황이다. 이겨냈다고 뿌듯해하는 동안 그는 철저히 패배하고 있다. 그렇다면 그가 목숨처럼 소중히 여긴 품위야말로 어쩌면 어쩔 수 없이 노예의 맹종에 지나지 않을 것이

* 같은 책, 275쪽.

다. 뒤늦은 깨달음과 후회가 밀려 닥치는 어스름 녘에 그래도 가장 좋은 때가 저녁이라고 위무할 수 있으려면, 과연 어떻게 남아 있는 쇠사슬을 끊어야 할까.

여행에서 벤 부인(옛날의 켄턴 양)을 마지막으로 만나고 난 뒤 황홀히 불이 켜지는 선창에서, 스티븐슨은 하루의 끝을 실감하고 집사로서의 남은 삶에 여전히 충실하기 위한 각오로 새 주인이 흐뭇하게 감탄할 수 있는 수준까지 농담의 기술을 연마하기로 함으로써 그 쇠사슬을 스스로 더 단단히 옭아맨다.

죽음의
독백을 위하여

어니스트 헤밍웨이 「킬리만자로의 눈」

장면 1

"당신은 아무것도 잃은 것이 없으세요. 당신은 제가 알고 있는 한 가장 완벽한 분이신걸요."

"제기랄, 여자란 어떻게 저렇게도 모자랄까. 그건 또 무슨 소리야. 그것이 당신의 직관이란 말인가."

왜냐하면 바로 그때 죽음이 가까이 다가와서 그 머리를 침대 다리에 기대었기 때문에, 그는 죽음의 입김을 느낄 수 있었던 것이다.

"죽음이 큰 낫과 두개골을 들고 있다는 말을 믿어서는 안 돼."

그는 그녀에게 말했다.

"죽음이란 어쩌면 자전거를 타고 오는 두 사람의 순경과 같을 수도 있고, 또 어쩌면 새일 수도 있는 거야. 혹은 또 하이에나처럼 넓적한 코를 가지고 있을 수도 있지."

바야흐로 죽음은 그에게 다가오고 있었으나 형상을

갖춘 것은 아니었다. 다만 공간을 차지하고 있을 따름이었다.

"저리 물러가라고 해."

죽음은 물러가지 않고 오히려 더욱 가까이 다가왔다.

"넌 지독한 냄새를 피우는구나."

그는 죽음에게 말했다.

"고약한 냄새를 풍기는 놈 같으니."

죽음은 그에게로 더욱 바싹 다가왔다. 이젠 죽음이라고 말을 할 수도 없었다. 말을 못 한다는 것을 알자 죽음은 조금씩 더 가까이 다가왔다. 그는 지금 말없이 죽음을 물리치려고 한다. 그러나 죽음은 그의 몸 위에 올라탄 채 그놈의 무게로 그의 가슴을 짓누르고 있다. 죽음이 그곳에 웅크리고 있어서 그는 움직일 수도 없고 말할 수도 없었다. 그녀의 말소리가 들려왔다.

"나리께서 지금 잠이 드셨으니 침대를 가만히 들어 텐트 안으로 옮기도록 해요."*

작가 해리는 부유하고 고독한 헬렌을 만나서 아프리카 초원으로 사냥 여행을 간다. 불의의 사고로 해리의 다리가 점점 썩어 가는 가운데 자동차도 고장이 나서 그들 일행이 초원에 고립된다. 위 장면의 대화에서, 헬렌의 말은 무심하게 느껴지

---

* 어니스트 헤밍웨이, 이경식 옮김, 「킬리만자로의 눈」, 『노인과 바다』, 문예출판사, 1999, 176~177쪽.

고 그 때문에 더욱 역설적으로 느껴진다. "가장 완벽"하고 "아무것도 잃은 것이 없"는 남자가 지금 죽음에 임박해 있기 때문이다. 그럴 때 그 남자에게, 죽음에 대한 직관이 없을뿐더러 사태를 파악하지 못하는 산 자와의 대화는 무용하다. 그는 그녀에게, "죽음이", "죽음이란" 하고 죽음에 대해 말하고 있지만 그녀는 그의 말을 전혀 듣지 못하고 있다. 오히려 그는 하이에나같이 "고약한 냄새를 풍기는" 죽음과 대화하고 있을 뿐이다. 그의 말에 죽음이 대답하고 있다고 보긴 어렵지만, 곧 그도 말을 하지 못하게 된다. "말을 못한다는 것을 알자 죽음은 조금씩 더 가까이 다가왔다"는 것은 죽음이 그와 대화할 필요를 느끼지 못하고 있거나, 그것을 아예 거부하고 있는 것일까. 따라서 그의 말은 헬렌도 듣지 못하고 죽음도 거부하고 있는, 몹시도 처절한 독백이다. 헬렌의 말은 다시 그의 말, 그의 존재에까지 자물쇠를 걸어 잠근다. "나리께서 지금 잠이 드셨으니(…)."

장면 2

처절하게 외로운 독백만 있는 것이 아니다. 비행기를 타고 그를 구제하러 온 친구 컴프튼은 더없이 신실하다. 그의 쾌활한 웃음은 햇빛처럼 빛나는데 그것조차 해리가 뒤쫓는 환상에 지나지 않는다(이 손에 잡힐 듯 생생한 환상이라니). 그러므로 그와 컴프튼의 활기찬 대화도 결국 그 혼자만의 독백이다. 그런데 그 독백의 장면이 찬란하다. 그는 신에게로 가고 있는 것이다. 아프리카의 가장 높은 봉우리, 마사이 사람들에게 '신의 집'으로 불리는 킬리만자로로 날아가고 있는 것이다. 그 봉우리 곁에 메마른 채 얼어붙은 표범(하이에나가 아니라)이 거기서 무엇을 찾고 있었는지 아무도 설명할 수 없는 것처럼, 그가 왜 거기로 가고 있는가를 설명하는 것도 무용할 것인가. 이 모든 사태를 설명하는 것이 허망할 만큼, 그것은 다만 찬연한 죽음의 독백인가.

그때 비행기는 아루샤로 향해서 날지 않고 왼쪽으로 방향을 돌렸다. 분명히 연료는 충분한 것 같았다. 아래를 내려다보니 채로 친 듯한 분홍색 구름이 지상 가까이에서 떠돌아다니고 있었다. 그것은 어디선지 모르게 불어오는 눈보라를 알리는 첫눈과도 같았다. 이윽고 그것이 남쪽에서 날아온 메뚜기 떼라는 것을 알았다. 그러자 비행기는 상승하기 시작했고 이제는 동쪽을 향해서 나는 것 같았다. 이윽고 폭풍우가 불어 닥치고 비행기는 그 속으로 들어갔다. 비가 억수같이 퍼붓고 있었다. 마침내 폭풍 속을 빠져나오자 컴프튼은 고개를 돌려 싱긋 웃어 보이고 손가락으로 앞을 가리켰다. 손가락으로 가리킨 전방으로 온 세계만큼이나 넓고 거대하며 높은, 그리고 햇빛을 받아 믿을 수 없을 만큼 하얗게 빛나는 킬리만자로의 각진 봉우리가 그의 눈에 들어왔다. 그 순간 그는 자기가 가는 곳이 바로 저곳이라는 것을 알았다.*

---

* 같은 책, 180~181쪽.

펜을 떨어뜨리다

제인 오스틴 『설득』

　오해와 갈등으로 얽힌 것이 연애 관계의 단면이란 것을 보여 주듯, 제인 오스틴의 소설은 시종 그것이 전개되는 과정을 이야기의 축으로 삼는다. 그녀가 마지막으로 완성한 『설득』은 결혼에 실패(?)한 앤이 지난 과오를 발판 삼아 헤어진 연인과 다시 맺어지는 작품이다. 당시 제도적으로 재산을 상속받지 못하는 여성이 유일하게 존엄을 유지하며 생존할 수 있는 방편이 결혼뿐인 상황에서, 가난하다는 이유로 약혼자 웬트워스와 파혼한 앤이 자유의지로 그런 결정을 내린 것은 아니었다. 돌아가신 어머니의 친구이자 유일한 정신적 지주인 레이디 러셀의 설득을 뿌리칠 수 없었고, 아직 결혼에 대해 주체적으로 판단하고 결정을 내릴 정도로 성숙하지 못했기 때문이다. 그럼에도 웬트워스에 대한 앤의 사랑만큼은 이후로도 변치 않았고, 가슴 깊이 상처를 안고 우여곡절 끝에 다시 연인 주위로 돌아온 웬트워스가 오해와 회의를 거두기까지, 방 안에서 펜 떨어지는 소리가 들릴 정도의 거리가 꼭 필요하였다.

　"그럼요. 여자는 분명히 남자가 여자를 잊는 것만큼

남자를 빨리 잊지 않아요. 그건 아마도 우리 여자들의 장점이라기보다 운명일 거예요. 우리도 어쩔 수 없는 거예요. (…)"

(…)

"이 문제에 관한 한 앤 양과 내가 동의하는 날은 오지 않을 것 같군요." 하빌 대령이 그렇게 말을 시작하는데 여태까지 완벽하게 조용하던 방 한구석에서 작은 소리가 들려왔다. 그들이 눈길을 돌린 곳에 웬트워스 대령이 있었고, 소리는 그의 펜이 떨어지는 소리였다. 하지만 앤은 자신이 생각하던 것보다 그가 훨씬 가까이에 있었다는 사실을 깨닫고 놀라지 않을 수 없었다. 그리고 그가 자신과 하빌 대령의 대화에 귀를 기울이다가 펜을 떨어뜨린 게 아닐까 하는 의심이 어렴풋이 들었다. 하지만 애를 썼다 해도 그가 그들의 대화 내용을 알아듣기는 힘들었을 것이다.*

옆에서 편지를 쓰던 웬트워스가 대화 내용을 다 알아듣기 힘들었을지언정 앤의 사랑을 비로소 확신한 것만은 분명하다. 그가 떨어뜨린 펜을 다시 들어 앤에게 남기는 편지("여자보다 남자가 빨리 잊는다고, 남자의 사랑이 더 빨리 소멸한다고 감히 말하지 마시오. 당신 외에는 그 누구도 사랑한 적 없소")를 쓰고, 앤이 그것을 읽는다. 은밀하게 둘만이 있기까지 애태우는 짧은 시간이 지난 뒤 웬트워스가 묻는다.

* 제인 오스틴, 전승희 옮김, 『설득』, 민음사, 2017, 336~338쪽.

"(…) 내가 1808년에 몇 천 파운드의 재산을 가지고 라코니아호의 선장이 되어 영국에 돌아왔을 때 만일 당신에게 편지를 했다면 당신이 답장을 했을까요? 다시 말해서 그때 다시 나와 약혼을 했을까요?"

"했겠지요!" 그녀가 한 말은 이 한마디가 전부였다. 하지만 억양은 충분히 단호했다.

"세상에!" 그가 외쳤다.[*]

첫 번째 앤의 거절에 어쩔 수 없는 그녀의 상황 탓이 더 컸다면, 좋은 여건을 만들고도 웬트워스가 다시 청혼하지 못한 것은 그의 자존심과 오판 탓이었다. 그것을 깨닫게 하기까지 웬트워스가 엿듣는 한 방에서 앤과 하빌의 지루하고 근거 없는 논쟁이 벌어진 것이지만, 여자의 변덕스러움을 주장한 하빌에 맞서, 노래와 속담은 물론이거니와 책에 쓰인 어떤 구절도 다 남자가 만든 것이라면 여자를 비판하는 근거가 될 수 없다고 한 앤의 항변은 설득력이 있어서 재차 펜을 떨어뜨리게 한다.

[*] 같은 책, 357쪽.

진리를 위해
죽을 수 있는 자를 경계하라

움베르트 에코 『장미의 이름』

　교황과 황제가 각축하고 기독교 각 교파가 대립하던 13세기, 윌리엄은 황제의 명에 따라 교황 측 사절단과 중재 회담을 하기 위해 엄청난 장서관을 지닌 이태리의 수도원에 도착한다. 그 수도원에서 의문의 살인이 줄을 잇고 원장의 요청에 따라 그의 제자인 아드소와 함께 수사를 시작한 윌리엄은 사건의 원인이 장서관의 한 서책에서 비롯되었다는 것을 알아간다. 한때 이단 심판관을 지내며 죄 없는 수많은 죽음을 목도한 윌리엄은 신념을 지키기 위해 다른 사람의 목숨을 해치는 일이 신성한 수도원에서 벌어지고 있음을 밝힌다. 맹인 노수도사 호르헤는 웃음이 죄악의 근본이고 신을 모독하는 행위라고 주장하며, 전설로만 전해지던 아리스토텔레스의 『희극』을 은밀히 감추고 그 책에 접근한 자들을 살해하도록 한 것이다. 윌리엄이 책을 손에 넣기 직전 등잔불 때문에 장서관에 불이 붙고 수도원이 전소되기에 이른다. 호르헤와 원장을 비롯한 많은 사람들이 불에 타고 장서관의 진리와 비밀도 사라진다. 윌리엄은 아드소에게 탄식과 함께 가짜 그리스도에 대한 경계의 말을 전한다.

「기독교 세계에서 가장 훌륭한 장서관이었다. 아, 그런데 이게 무엇이냐. 가짜 그리스도 올 날이 임박했다. 이제는 학문이 가짜 그리스도를 저지할 수 없게 되었으니……. 오늘 우리는 가짜 그리스도의 얼굴을 보았다.」

「가짜 그리스도라고 하시면…….」

「호르헤 영감의 얼굴 말이다. 철학자 아리스토텔레스에 대한 증오로 일그러진 그의 얼굴에서 나는 처음으로 가짜 그리스도의 얼굴을 보았다. 가짜 그리스도는, 그 사자(使者)가 그랬듯이 유대 족속에서 나오는 것도 아니고 먼 이방 족속에서 나오는 것도 아니다. 잘 들어 두어라. 가짜 그리스도는 지나친 믿음에서 나올 수도 있고, 하느님이나 진리에 대한 지나친 사랑에서 나올 수도 있는 것이다. 성자 중에서 이단자가 나오고 선견자 중에서 신들린 무당이 나오듯이……. 아드소, 선지자를 두렵게 여겨라. 그리고 진리를 위해서 죽을 수 있는 자를 경계하여라. 진리를 위해 죽을 수 있는 자는 대체로 많은 사람을 저와 함께 죽게 하거나, 때로는 저보다 먼저, 때로는 저 대신 죽게 하는 법이다.」

진리를 위해 죽을 수 있는 자가 믿었던 진리가 과연 진리일

* 움베르트 에코, 이윤기 옮김, 『장미의 이름』 하, 열린책들, 2006, 868쪽.

수 있을까. 부당하게 사람을 파괴하는 진리란 존재할 수 없을 것이다. 그런 의미에서 윌리엄이 사랑과 탐욕을 구분하며 "사랑하는 대상에 대해 선(善)해야만 그 대상에 기울이는 사랑도 참사랑일 수 있다"는 말은 유효하다. 진리가 종착지라면 진리로 가는 길도 진리다워야 하는 것이다. 칸트의 도덕률이 떠오르는 대목이다. 그러면서 중세의 이단 재판이나 마녀사냥이 현재에도 재현되고 있는 것을 본다. 진보와 보수의 극한 갈등뿐 아니라 종북 논란과 비정규직 문제, 외국인노동자 차별, 여성혐오 등이 닫힌 시각과 이기심에서 비롯된 것이고 그것이 바로 남의 죽음을 바라는 증오와 폭력을 기초하는 것이라 할 때, 선하면서 열린 생각이란 얼마나 중요한 것인가. 차라리 부정을 보고 본능적으로 거부감을 느끼는 인간의 감각은 윤리나 법률보다 얼마나 빠르고 정직한 것인가. 그런 생각이나 감각은 일부러 나서거나 외치지 않는다. 속이거나 강요하지도 않는다. 모기 소리보다 낮고 이끼처럼 작지만 늘 있어야 할 데, 가야 할 데에 있다. 그렇게 달팽이처럼 조용히 길을 내면서 언젠가 진리에 다다를 수 있다면야.

황주와 돼지간볶음

위화 『허삼관 매혈기』

　허삼관은 가난한 노동자다. 그가 우연히 피를 팔아 큰돈을 번다. 그 돈에 자신의 기지를 보태 마을의 최고 미녀 옥란과의 결혼에 성공한다. 하지만 그의 삶이 순조롭게 흘러가지 않는다. 아들 셋을 낳았지만 첫째 일락이가 다른 남자의 자식이라는 것을 알고 절망하며, 그 아들이 벌인 싸움 탓에 큰 빚을 지기도 한다. 또 그 애가 장성해서는 갑자기 중병에 걸려 엄청난 치료비를 감당해야 할 처지에 몰린다. 그런 급박한 시기마다 허삼관은 자신의 피를 팔아 위기를 넘긴다.

　그에게 번번이 몰아닥치는 위기는 중국의 힘난한 현대사와 맞물려 있다. 작품 속에서 농촌으로 끌려간 일락이가 간염에 걸리고 옥란이 이유 없이 비판투쟁대회에서 처벌을 받는 것도 당시의 대약진운동이나 문화대혁명 같은 사회적 광풍에 휩쓸리는 민초의 고난을 보여 주는 장면이다. 한 사람의 인생이 한 사회의 역사이다. 그리하여 그 인생은 스스로의 뜻대로 나아가지 못하고 격동하는 역사가 이끄는 대로 이리저리 굽이친다.

　오로지 그가 믿을 수 있는 것은 자신의 몸뚱이로부터, 다리가 후들거리지 않고도 두 사발이나 뽑아낼 수 있는 피다. 그리고 그 피로 이어진 가족. 설사 자신의 피붙이가 아니라도 상관없다. 처음에는 분노하고 차별하지만 결국 그 애를 자식보다 소중한 자식으로 끌어안으면서 완성된 가족애는 역사의 폭력이 끝내 훼손할 수 없는 마지막 보루이고 진정한 가치이다. 쫓아낸 자식을 다시 둘러업고는 피 판 돈으로 국수를 사 먹이고, 그 자식의 병을 고치기 위해 기진하여 죽을 줄 알면서도 재차 피를 뽑는 아버지 앞에서 세상에 어떤 못된 아들이 눈물을 흘리지 않을 것인가. 하지만 뜻대로 눈물을 흘릴 거란 보장이 없기 때문에 아버지는 외로운 것이고, 그런 실망조차 괘념치 않고 모든 것을 남김 없이 바칠 수 있기 때문에 아버지는 아버지다.

그가 이젠 늙어 피를 팔 수 없다. 피를 팔 수 없어 먹고 싶은 걸 못 사 먹는 아버지가 길에서 운다. 동네 창피하다며 우는 아버지를 나무라는 세 아들에게 어머니 옥란이 나타나 한바탕 혼을 낸다. 허삼관의 손을 잡아 이끌어 승리반점에 간다. 허삼관이 피를 팔고 났을 적마다 보양 삼아 먹던 음식을 사 준다.

"여기 다른 음식도 아주 많다구요. 전부 맛난 것들이구요. 자, 뭘 드실라우?"
"난 그냥 돼지간볶음하고 황주가 먹고 싶어."

그래서 허옥란은 돼지간볶음을 또 한 접시 시키고, 이번에는 황주를 아예 병째 주문했다.
 돼지간볶음 세 접시가 상에 올라온 뒤 허옥란은 또다시 먹고 싶은 음식이 있는지 물었고, 허삼관은 고개를 가로저으며 대답했다.
 "됐어. 더 시키면 다 못 먹는다구."
 돼지간볶음 세 접시와 황주 한 병. 그리고 두 냥짜리 황주 두 사발을 마주한 허삼관의 얼굴에 비로소 웃음이 피어났다. 그가 돼지간볶음을 입에 넣고 황주를 마시며 말했다.
 "내 평생 이렇게 맛있는 돼지간볶음은 처음이야."*

---

* 위화, 최용만 옮김, 『허삼관 매혈기』, 푸른숲, 2014, 33쪽.

희극일까 비극일까
벗나무

안똔 체호프 「벗나무 동산」의 노동하는 새 주인

류보비 안드레예브나

    벌목을 해요? 미안하지만, 당신은 아무것도 모르는군요. 이 지역에서 가장 아름답고 멋있는 건 바로 우리 벗나무 동산뿐이에요.*

  동산에 벗나무를 자른 뒤 별장을 짓고 임대하여 빚을 갚으라는 신흥 상인 로빠힌의 제안에 여지주 류보비 안드레예브나(류바)는 로빠힌을 비웃으며 자신의 영지에서 자라난 벗나무가 얼마나 대단한지 강조한다. 류바에게 벗나무 동산은 그녀 가문의 유구한 증명이면서 고귀한 그녀의 삶 자체이기 때문이다. 그러나 동산은 머지않아 경매에 넘어가기로 예정되어 있고 그녀도 거기서 쫓겨나 전에 비할 수 없이 비루한 생을 보내야 할 처지에 놓여 있다. 누구보다 우아하지만 곧 몰락할지 모를 류바는 그러나 과거의 관습에 젖어 현실의 문제를 똑바

---

   * 안똔 체호프, 이주영 옮김, 『체호프 희곡 전집 Ⅲ』, 연극과인간, 2004, 217쪽.

로 바라보지 못할 뿐 아니라, 여전히 지나치는 동냥아치에게 선뜻 금화를 적선하고 레스토랑에서 마음껏 최고급 요리를 주문한다.

과거의 관습과 관념을 유지하는 사람은 단지 류바만이 아니다. 무능하면서도 귀족으로 군림하는 생활에 젖어 있는 류바의 오빠 가예프, 아무것도 모르는 류바의 명랑한 딸 아냐, 평민 출신으로 살림에 잔뼈가 굵었지만 수녀가 되지 않을 바에야 결혼으로 생을 의탁해야 할 양녀 바랴, 1862년 농노제도가 폐지되었는데도 고집스레 늙은 하인으로 남은 피르스, 무엇을 해야 할지 모르고 자신이 누군인지 모른 채 마술에 빠져 있는 가정교사 샤를로따….

다만 나이 든 대학생 뜨로피모프만이 이 희곡의 암담한 상황에서 미래에 대한 희망과 전진을 외친다. 그런데 그 젊은 지식인의 주장 또한 농노 출신의 로빠힌에게는 공허한 외침처럼 들린다. 이제 벚나무 동산의 새 주인이 된, 무식하나 나름대로 영민한 로빠힌의 말이 진실에 가까워진 시대가 온 것일까.

뜨로피모프 댁의 부친이 농부였고 우리 아버지가 약사였다는 건 정말 마무 의미가 없는 거예요. (로빠힌, 지갑을 꺼낸다) 그만, 그만둬요…… 2만 루블을 준다 해도 받지 않을 겁니다. 난 자유인이요. 부자든 가난한 사람이든 당신들이 그렇게 고귀하다고 평가하는 그 모든 게 내게는 마치 공기 중에 날아다니는 솜털처럼 그 어떤 힘도 미칠 수 없어요. 난 당신들 없이도 잘 지낼 수 있고, 당신들 옆을 그냥 지나칠 수 있을 정도로 강하고 당당한 인간입니다. 인류는 고귀한 진리와 이 세상에서 가능한 최고의 행복을 향해서 나아가고 있고, 내가 그 맨 앞줄에 서 있죠!

로빠힌 도달할 수 있을까요?

뜨로피모프 도달할 수 있어요. (사이) 내가 도달하지 못하면 다른 사람들이 도달할 수 있게 길을 가르쳐 줄 겁니다.

멀리서 도끼로 나무를 찍는 소리가 들린다.

로빠힌 그럼, 잘 가요, 친구. 떠날 때가 됐군요. 우린 서로 잘난 척하고 있지만 인생은 그냥 흘러가고 있어요. 난 오랫동안 일을 할 때면 피곤하지도 않고 생각하는 것도 더 편안해져 내가 무엇 때문에 사는지 알 것 같아지죠. 하지만 러시아에는 무엇 때문에 사는지 모르는 사람들이 얼마나 많이 있냐 말예요.[*]

---

[*] 같은 책, 275쪽.

그 숲에 시인이 산다

1판 1쇄 발행 2024년 10월 25일

지 은 이 | 이승규
펴 낸 이 | 김진수
펴 낸 곳 | 한국문화사
등   록 | 제1994-9호
주   소 | 서울시 성동구 아차산로49, 404호 (성수동1가, 서울숲코오롱디지털타워3차)
전   화 | 02-464-7708
팩   스 | 02-499-0846
이 메 일 | hkm7708@daum.net
홈페이지 | http://hph.co.kr

ISBN 979-11-6919-255-2 03810

· 이 책의 내용은 저작권법에 따라 보호받고 있습니다.
· 잘못된 책은 구매처에서 바꾸어 드립니다.
· 책값은 뒤표지에 있습니다.

오류를 발견하셨다면 이메일이나 홈페이지를 통해 제보해주세요.
소중한 의견을 모아 더 좋은 책을 만들겠습니다.